# FILETES, CHULETAS, ASADOS Y COSTILLAS

# FILETES, CHULETAS, ASADOS Y COSTILLAS

**Deliciosas recetas para horno, plancha y barbacoa**

NOTA
Se considera que 1 cucharadita equivale a 5 ml y 1 cucharada a 15 ml. Si no se indica
otra cosa, la leche será siempre entera, los huevos y las verduras u hortalizas, como por
ejemplo las patatas, de tamaño medio, y la pimienta, pimienta negra recién molida.

Los tiempos indicados para cada receta son sólo orientativos porque la preparación
puede diferir según las técnicas utilizadas por cada persona, y el tiempo de cocción
puede variar según el tipo de horno utilizado.

Las recetas que llevan huevo crudo o muy poco cocido no son indicadas para los niños
muy pequeños, los ancianos, las mujeres embarazadas, las personas convalecientes y
cualquiera que sufra alguna enfermedad.

# CONTENIDO

# INTRODUCCIÓN

Ya en la prehistoria, la carne formaba parte de la dieta humana, sobre todo cuando el hombre aprendió a dominar el fuego y, por lo tanto, pudo cocinar los alimentos para que resultaran más tiernos y apetitosos. La cocina de casi todos los países del mundo incluye algún plato de carne, a pesar de que en algunos de ellos existen prohibiciones de tipo cultural o religioso sobre el consumo de determinados animales. En Occidente, la carne constituye una parte muy importante de la dieta, y los trozos tiernos y especiales, como los filetes o las chuletas, gozan de mayor aceptación general que las partes más económicas, que precisan una cocción lenta y larga para hacerlas más sabrosas.

Para muchos una comida sin carne no es una comida completa. Otros, que consumen carne de manera esporádica, prefieren que su opción carnívora resulte más bien una delicia, como pueden ser un buen asado de cordero o un solomillo. Es costumbre generalizada echar la casa por la ventana cuando se trata de recibir invitados o para una ocasión especial, por lo que en esos días tendemos a comprar productos de más calidad, que incluyen los mejores trozos de carne, como el solomillo de ternera. Después de todo, ¿por qué dejar escapar la oportunidad de regalarse un Hojaldre de buey Wellington (*véase* página 160) aunque haya que alimentarse de salchichas y pasta el resto del mes?

Es evidente que no todos los tipos de carne van a desequilibrar el presupuesto familiar. El cerdo, por ejemplo, suele resultar bastante económico, tanto si se compran chuletas para asar a la parrilla como filetes de pierna para freír. A pesar de que puede ser más complicada de cortar, hay quien considera que la espalda de cordero es más tierna y melosa, y resulta menos cara que una pierna. Para algunos, la barbacoa no estará completa si le falta un costillar de cordero, una delicia festiva y entretenida.

Este libro está repleto de recetas para preparar filetes, chuletas, asados y costillas de todo tipo –desde ternera hasta carne de venado– y ofrece consejos útiles e instrucciones sobre cómo comprar, almacenar y manipular la carne. Para completar los ágapes, en el último capítulo encontrará buenas ideas para elaborar guarniciones.

## NUTRICIÓN

Durante los últimos años, la carne roja ha gozado de mala prensa y su consumo se ha asociado a muchos trastornos de salud, algunos de ellos graves. Este concepto es simplista y no tiene una justificación real, puesto que se trata de problemas que suelen estar causados por excesos: comer cualquier alimento en demasía, incluso si son zanahorias, puede provocar problemas de salud. Las técnicas culinarias empleadas también pueden contribuir a que la dieta sea saludable. Así pues, asar la carne es con toda seguridad mucho más sano que freírla. También conviene tener en cuenta la guarnición con la que acompañamos el plato. Un bistec con patatas fritas es el típico ejemplo de plato poco saludable, pero son estas últimas las que incrementan el contenido nocivo de grasa. De vez en cuando pueden tomarse, pero existe un sinnúmero de sabrosas alternativas.

La carne es una valiosa fuente de proteínas y, lo que es más, se trata de proteínas de gran calidad, puesto que contienen los ocho aminoácidos que el cuerpo humano no puede sintetizar por sí mismo. Las proteínas son vitales para gozar de buena salud y desempeñan un papel importante en el crecimiento, mantenimiento y regeneración de las células de nuestro organismo. A continuación presentamos una guía orientativa del contenido proteínico de los trozos magros de carne asada:

| | |
|---|---|
| 100 g de carne de buey | 27-29 g de proteínas |
| 100 g de carne de cordero | 23-29 g de proteínas |
| 100 g de carne de cerdo | 26-30 g de proteínas |
| 100 g de carne de ternera | 31 g de proteínas |
| 100 g de carne de venado | 35 g de proteínas |

Nuestro cuerpo precisa cantidades relativamente pequeñas de proteínas y los expertos en nutrición recomiendan que los alimentos ricos en proteínas constituyan sólo un 12% de la dieta diaria. En la práctica esto significa 55 g para los hombres, 40 g para las mujeres y unos 28 g para los niños de entre siete y diez años.

Actualmente, es sabido que una dieta rica en grasas, sobre todo en grasas saturadas, provoca numerosos problemas de salud, que van desde la obesidad hasta las enfermedades cardiovasculares. Desde hace medio siglo, los productores de carne crían animales con una carne cada vez más magra. Hoy en día, algunas carnes contienen menos de la mitad de la grasa que contenían en la década de 1950 e incluso, a veces, es necesario rociar el cerdo, que durante una época se consideró muy grasiento, con su propio jugo o con mantequilla para evitar que se reseque demasiado. A continuación mostramos una guía orientativa del contenido en grasa de los trozos magros de carne asada:

| | |
|---|---|
| 100 g de carne de buey | 4-12 g de grasa |
| 100 g de carne de cordero | 8-12 g de grasa |
| 100 g de carne de cerdo | 6-10 g de grasa |
| 100 g de carne de ternera | 12 g de grasa |
| 100 g de carne de venado | 6 g de grasa |

Nuestra dieta debe incorporar un mínimo de grasas (unos 25 g). La mayor parte de la grasa que contiene la carne es saturada y los expertos en nutrición recomiendan que este tipo de grasa constituya menos del 10% de la cantidad diaria de calorías que consume un adulto. Ello se debe a que las grasas saturadas incrementan el nivel de colesterol en sangre, lo cual puede acarrear problemas de salud tales como los cardíacos.

La carne no contiene fibra alimentaria ni hidratos de carbono. Sin embargo, posee importantes vitaminas y minerales como el hierro, el zinc, el magnesio, la niacina, vitamina B2, B1 y B12.

### Adquirir la carne

Sea cual sea el tipo de carne que compre, es importante seleccionar la parte del animal que más se adecue al método de cocción y a la receta que haya elegido. Los mejores trozos para asar y freír son los de la parte trasera del animal (el cuarto trasero, el lomo y el solomillo), pues es la zona donde los músculos trabajan menos. También pueden asarse la pierna y la espalda.

La carne siempre debe desprender un aroma agradable y presentar un aspecto atractivo, con la superficie ligeramente humedecida, pero no mojada ni viscosa. Las denominadas carnes blancas deben ser de color rosáceo, mientras que la carne roja debe presentar un color rojo oscuro, no carmesí, y la ternera muy joven, un tono rosa grisáceo. La textura de la grasa debe ser más bien suave y de color blanco o crema, no amarillo.

**Carne de buey.** A pesar de la tentación que supone adquirir piezas de carne pequeñas, sin nervios ni huesos, por resultar atractivos y fáciles de cortar, es mejor reservarlos para estofar. Los mejores trozos para asar son el costillar, el solomillo, el lomo y otras partes del cuarto trasero. Tanto las costillas delanteras como las centrales se venden deshuesadas y preparadas como medallones, pero las chuletas de primera calidad suelen venderse con hueso y son uno de los mejores trozos para asar. Las costillas deshuesadas resultan más fáciles de cortar, pero los platos en los que se presentan con el hueso son más impresionantes.

Para freír o asar, adquiera cortes tiernos como el solomillo, el filete del costillar, las costillas, el entrecot, el redondo y otros cortes del cuarto trasero. La falda puede ser más o menos tierna, y resulta una opción económica.

**Cordero.** A diferencia de la carne de buey, que se obtiene del animal adulto, la carne de ovino procede de reses menores de un año, de entre seis y siete meses. En consecuencia, se trata de una carne tierna y de trozos más pequeños.

Para asar pueden emplearse varios cortes. La pierna, con un peso entre los 1,8 y los 2,7 kg goza de gran aceptación. Es habitual que se comercialice en dos trozos (la pierna y el jarrete o morcillo) y adquiere nombres distintos según el país. El costillar de cordero resulta económico para asar y es ideal para las comidas de dos o tres comensales. El lomo es muy tierno y es un trozo muy preciado; puede llegar a pesar 3,6 kg. También son adecuados para asar otros cortes de lomo de menor tamaño, que se pueden deshuesar y preparar como redondo. La paleta y la paletilla son bastante grasientas, pero la carne resulta muy melosa.

Existen varios tipos de chuletas: del lomo, del lomo bajo y del costillar. Los filetes de cordero suelen obtenerse de la pierna.

**Cerdo.** Al igual que ocurre con el cordero, el cerdo se sacrifica joven, así que la carne es tierna y existen numerosos cortes de gran calidad. Puesto que la pierna es tan grande, suele cortarse en dos partes, que son igual de aptas para asar. De un modo parecido, el lomo suele dividirse en lomo trasero y lomo delantero, pero esta pieza –que puede llegar a pesar 5,5 kg– puede asarse entera si debe prepararse un plato para muchos comensales. El solomillo o filete de cerdo puede asarse o sofreírse.

Las chuletas se obtienen del lomo, que se divide en lomo alto, lomo bajo y solomillo. Las chuletas de aguja, que se obtienen de la paleta del animal, no resultan tan tiernas como las del lomo, pero son suculentas y más económicas. Las costillas, con más o menos carne, se obtienen del costado del animal y suelen venderse cortadas.

**Ternera.** La carne de ternera es muy tierna y ofrece muchos cortes. La pierna, el lomo y las costillas pueden asarse, y la paletilla a menudo se vende deshuesada y para asar como redondo. Los filetes y los escalopes de la pierna suelen freírse, y el entrecot queda muy bien asado.

## REFRIGERAR Y MANIPULAR LA CARNE

Conserve la carne siempre en el frigorífico. El mejor lugar es el estante inferior, para evitar que los jugos que desprenda pasen a otros alimentos. Separe bien la carne cruda de los alimentos cocidos. Si la adquiere envasada, como se ofrece en la mayoría de los supermercados, coloque la bandeja en un plato antes de introducirla en el frigorífico. También puede envolverla en film transparente y colocarla en un plato. La carne de buey, el cordero y el añojo se conservan de 3 a 5 días, mientras que el cerdo y la ternera se guardan bien de 2 a 4 días. Respete siempre la fecha de caducidad indicada en el envase.

Para evitar que los alimentos se contaminen con otros sabores, resulta práctico tener una tabla de cortar sólo para la carne. Es preferible que sea de polietileno que de madera porque puede esterilizarse y lavarse en el lavavajillas. Conviene lavarse las manos y los utensilios de cocina (cuchillos, etc.) después de manipular la carne cruda y antes de tocar otros alimentos crudos o cocidos.

## MARINADAS

### Marinada de vino tinto
Para 180 ml

Tiempo de preparación: 5 minutos

160 ml de vino tinto con cuerpo

1 cucharada de vinagre de vino tinto

1 cucharada de aceite de oliva

2 dientes de ajo picados finos

2 hojas de laurel partidas

pimienta

Ponga todos los ingredientes en un bol, remuévalos y aderécelos con pimienta. Vierta la mezcla sobre carnes rojas o venado, cubra la carne y déjela marinar durante 12 horas.

### Marinada de vino blanco
Para 300 ml

Tiempo de preparación: 5 minutos

240 ml de vino blanco seco

6 cucharadas de aceite de oliva

2 cucharadas de zumo de limón recién exprimido

3 cucharadas de perejil picado fino

1 cucharada de cebollino fresco cortado

pimienta

Ponga los ingredientes en un bol, remuévalos y aderécelos con pimienta. Vierta la mezcla sobre costillas, cúbralas y déjelas marinar durante unas 12 horas.

### Marinada de madeira
Para unos 240 ml

Tiempo de preparación: 5 minutos, más 30 minutos de reposo

6 cucharadas de zumo de naranja recién exprimido

180 ml de madeira

4 chalotes picados finos

la ralladura de 1/2 naranja

sal y pimienta

Introduzca todos los ingredientes en un bol, remuévalos y salpimiéntelos. Deje reposar la mezcla durante 30 minutos para que se mezclen los sabores. Viértala sobre cualquier tipo de carne y déjela marinar durante 12 horas.

### Marinada de bayas de enebro
Para 540 ml

Tiempo de preparación: 5 minutos

540 ml de vino tinto

4 chalotes cortados en rodajas

5 bayas de enebro majadas

sal y pimienta

Vierta el vino en un cuenco y añada el chalote y las bayas de enebro. Salpimiente la mezcla y añada carne de cerdo o de ternera; dele la vuelta para que se impregne bien. Cubra la carne y déjela marinar entre 5 y 12 horas, removiendo de vez en cuando.

# 1 FILETES Y

Ya sean fritos o asados a la plancha o a la barbacoa, los filetes gozan siempre de gran aceptación, pero si se sirven sin ningún tipo de guarnición pueden resultar aburridos y poco atractivos. Este capítulo ofrece recetas para cocinar los trozos de carne más tiernos con marinadas, salsas y otros acompañamientos que realzan su textura y sabor. Naturalmente, los filetes de buey destacan por la gran variedad de posibilidades de cocción que ofrecen, desde el Solomillo marinado (*véase* página 38) hasta la Ternera al jengibre y guindilla (*véase* página 62). Sin embargo, existe un sinfín de posibilidades, entre las que se cuentan el cordero, el cerdo e incluso la carne de caza.

# SOLOMILLO AL TABASCO

1 MANOJO DE BERROS

85 G DE MANTEQUILLA
ABLANDADA

4 FILETES DE SOLOMILLO DE UNOS
225 G CADA UNO

4 CUCHARADITAS DE TABASCO

SAL Y PIMIENTA

**PARA 4 PERSONAS**

Precaliente la barbacoa. Para preparar la mantequilla verde de berros, sírvase de un cuchillo afilado y pique berros en cantidad suficiente como para obtener 4 cucharadas. Reserve algunas hojas para decorar el plato. Coloque la mantequilla en un bol pequeño, añada los berros picados y bátalos hasta que queden bien mezclados. Cubra el bol con film transparente y refrigere la mantequilla hasta que la necesite.

Unte cada filete con 1 cucharadita de tabasco y esparza bien la salsa para que se impregnen. Salpimiéntelos al gusto.

Ase los filetes unos 2½ minutos por cada lado si los desea poco hechos, durante 4 minutos si los prefiere al punto o durante 6 minutos si los quiere bien asados. Páselos a los platos donde los servirá, decórelos con las hojas de berro que ha reservado y sírvalos enseguida, con la mantequilla verde por encima.

### Método de cocción alternativo

También puede asar los filetes en la plancha o en la sartén. Conviene untar la plancha con un poco de aceite y precalentarla antes de colocar la carne. El tiempo de cocción puede aumentar ligeramente puesto que con este método no se genera tanto calor como con la barbacoa. Por consiguiente, debe observar la carne para comprobar que está asada al punto que desea.

# FILETES DE CORDERO PICANTES

4 FILETES DE CORDERO DE UNOS
175 G CADA UNO
8 RAMITAS DE ROMERO FRESCO
8 HOJAS DE LAUREL FRESCO
2 CUCHARADAS DE ACEITE
DE OLIVA

**MARINADA PICANTE**

2 CUCHARADAS DE ACEITE
DE MAÍZ
1 CEBOLLA GRANDE PICADA FINA
2 DIENTES DE AJO PICADOS FINOS
2 CUCHARADAS DE CONDIMENTO
DE JAMAICA
1 CUCHARADA DE PASTA DE CURRY
1 CUCHARADITA DE JENGIBRE
FRESCO RALLADO
400 G DE TOMATE EN LATA
TROCEADO
4 CUCHARADAS DE SALSA
WORCESTERSHIRE
3 CUCHARADAS DE AZÚCAR
MORENO CLARO
SAL Y PIMIENTA

**PARA 4 PERSONAS**

Para preparar la marinada, caliente el aceite en una sartén de base gruesa. Añada la cebolla y el ajo, y fríalos durante 5 minutos, removiendo de vez en cuando, hasta que estén blandos. Agregue las especias, y cueza la mezcla, sin dejar de remover, durante 2 minutos. Incorpore el tomate, la salsa Worcestershire y el azúcar y salpimiente al gusto. Llévela a ebullición, removiendo sin cesar, reduzca el fuego y déjela cocer durante 15 minutos más o hasta que se espese. Retire la marinada del fuego y déjela enfriar.

Disponga los filetes entre 2 láminas de film transparente y aplánelos con un rodillo de pastelería. Páselos a una fuente que no sea metálica. Vierta encima la marinada y deles la vuelta para que se impregnen bien. Cúbralo todo con film transparente y déjelo marinar en el frigorífico unas 3 horas.

Precaliente la barbacoa. Escurra el cordero y reserve la marinada. Ase la carne entre 5 y 7 minutos, untándola con la marinada varias veces. Mientras tanto, sumerja las hojas de romero y de laurel en el aceite de oliva y áselas en la barbacoa entre 3 y 5 minutos. Sirva el cordero enseguida decorado con las hierbas.

## Método de cocción alternativo

También puede asar los filetes en la plancha o en la sartén. Conviene untar la plancha con un poco de aceite y precalentarla antes de colocar la carne. El tiempo de cocción puede aumentar puesto que con este método no se genera tanto calor como con la barbacoa.

# SOLOMILLO A LA GUINDILLA

4 FILETES DE SOLOMILLO DE UNOS
225 G CADA UNO
ACEITE PARA UNTAR
SAL Y PIMIENTA

**PARA PREPARAR LA SALSA**

4 CHILES HABANEROS ROJOS
FRESCOS
4 CHILES POBLANOS VERDES
FRESCOS
3 TOMATES PELADOS,
DESPEPITADOS Y EN DADOS
2 CUCHARADAS DE CILANTRO
FRESCO TROCEADO
1 CUCHARADA DE VINAGRE DE
VINO TINTO
2 CUCHARADAS DE ACEITE
DE OLIVA

**PARA 4 PERSONAS**

Prepare en primer lugar la salsa. Precaliente el gratinador.
Disponga las guindillas en la bandeja del horno y áselas hasta
que queden negras; deles la vuelta con frecuencia. Déjelas enfriar
y pélelas con papel de cocina. Corte las guindillas por la mitad
y despepítelas. A continuación, píquelas finas.

Mezcle las guindillas rojas y las verdes, los tomates y el cilantro
en un bol. Mezcle el aceite y el vinagre en una salsera, sálelos y
viértalos sobre la salsa. Remueva bien la salsa, cúbrala y déjela
enfriar en el frigorífico hasta que la necesite.

Salpimiente la carne. Unte ligeramente una plancha convencional
o una plancha eléctrica con aceite y póngala a fuego medio hasta
que esté caliente. Ase los filetes entre 2 y 4 minutos por cada lado
o hasta que estén al punto que prefiera. Sírvalos enseguida con
la salsa.

# FILETES DE CERDO
## GLASEADOS

4 FILETES DE PIERNA DE CERDO

4 CUCHARADAS DE AZÚCAR
MORENO

2 CUCHARADITAS DE MOSTAZA
EN POLVO

4 CUCHARADAS DE MANTEQUILLA

8 RODAJAS DE PIÑA

**ACOMPAÑAMIENTO**

PATATAS ASADAS Y
JUDÍAS VERDES

**PARA 4 PERSONAS**

Precaliente la plancha a fuego medio, disponga en ella los filetes de cerdo y áselos durante 5 minutos; deles la vuelta una vez. Si sólo tiene espacio para asar los filetes de dos en dos, ase el primer par y resérvelo caliente mientras asa el otro.

Mezcle el azúcar moreno con la mostaza en un bol pequeño.

Derrita la mantequilla en una sartén grande, añada la piña y fríala durante 2 minutos para que se caliente bien; dele la vuelta una vez. A continuación, úntela con la mezcla de azúcar y mostaza, y siga friéndola a fuego lento hasta que el azúcar se haya disuelto y la piña esté bien glaseada. Vuelva la piña una vez más para que ambos lados se impregnen bien de salsa.

Pase los filetes a platos individuales y disponga 2 rodajas de piña junto a los filetes o sobre éstos, superpuestas. Vierta encima cucharadas del jugo dulce que quede en la sartén.

Acompañe el plato con patatas asadas y judías verdes.

# BISTEC MEXICANO CON GUACAMOLE

4 FILETES DE TERNERA

3 CUCHARADAS DE ACEITE
DE OLIVA Y UN POCO MÁS
PARA UNTAR

½ CEBOLLA ROJA RALLADA

1 GUINDILLA ROJA FRESCA
DESPEPITADA Y PICADA FINA

1 DIENTE DE AJO MAJADO

1 CUCHARADA DE CILANTRO
FRESCO PICADO

½ CUCHARADITA DE ORÉGANO
SECO

1 CUCHARADITA DE COMINO
MOLIDO

**GUACAMOLE**

1 AGUACATE MADURO

LA RALLADURA Y EL ZUMO
DE 1 LIMA

1 CUCHARADA DE ACEITE
DE OLIVA

½ CEBOLLA ROJA PICADA FINA

1 GUINDILLA ROJA FRESCA
DESPEPITADA Y PICADA FINA

1 CUCHARADA DE CILANTRO
FRESCO PICADO

SAL Y PIMIENTA

**PARA 4 PERSONAS**

Con la ayuda de un cuchillo afilado, practique diversos cortes en el borde de los filetes donde se encuentra la grasa para que mantengan la forma. Pase la carne a una fuente no metálica.

Mezcle el aceite, la cebolla, la guindilla, el ajo, el cilantro, el orégano y el comino en un bol pequeño. Vierta la marinada sobre la carne y dele la vuelta para que se impregne bien. Cúbrala y déjela marinar en el frigorífico entre 1 y 2 horas.

Precaliente la barbacoa. Para preparar la salsa, corte el aguacate por la mitad y retire el hueso. Pele y corte la pulpa en dados pequeños, páselos a un bol junto con el zumo y la ralladura de lima, el aceite de oliva, la cebolla, la guindilla y el cilantro, salpimiente al gusto, y mezcle bien todos los ingredientes. Cubra la mezcla y déjela marinar en el frigorífico hasta que la necesite.

Ase los filetes en una plancha untada con aceite entre 6 y 12 minutos por cada lado. Sírvalos acompañados del guacamole.

## Método de cocción alternativo

También puede asar los filetes en la plancha o en la sartén. Conviene untar la plancha con un poco de aceite y precalentarla antes de colocar la carne. El tiempo de cocción puede aumentar ligeramente puesto que con este método no se genera tanto calor como con la barbacoa. Por consiguiente, debe observar la carne para comprobar que esté asada al punto que desea.

# BISTEC DE CERDO CON LIMONCILLO

LIMONCILLO

**MARINADA**

2 DIENTES DE AJO MAJADOS

½ CUCHARADITA DE PIMIENTA
MOLIDA

1 CUCHARADA DE AZÚCAR

2 CUCHARADAS DE SALSA
DE PESCADO

2 CUCHARADAS DE SALSA DE SOJA

1 CUCHARADA DE ACEITE
DE SÉSAMO

1 CUCHARADA DE ZUMO DE LIMA

2 TALLOS DE LIMONCILLO SIN LAS
HOJAS EXTERIORES, PICADOS
FINOS

4 CEBOLLETAS PICADAS FINAS

2 CUCHARADAS DE LECHE DE COCO

4 FILETES DE CERDO

**PARA DECORAR**

GAJOS DE LIMA

**PARA ACOMPAÑAR**

ENSALADA Y
VERDURAS SALTEADAS

**PARA 4 PERSONAS**

Para preparar la marinada, disponga en una fuente el ajo, la pimienta, el azúcar, la salsa de pescado, la de soja, el aceite de sésamo, el zumo de lima, el limoncillo, las cebolletas y la leche de coco, y mézclelos bien.

Ponga los filetes de cerdo en la marinada, cubra la fuente con film transparente y colóquela en el frigorífico durante 1 hora.

Ase los filetes de cerdo en el gratinador precalentado o en la barbacoa con carbón vegetal durante 5 minutos por cada lado o hasta que queden asados. Decore los bistecs con gajos de lima y sírvalos con ensalada y verduras salteadas.

# SOLOMILLO DE TERNERA
## CON NARANJA

2 NARANJAS GRANDES

25 G DE MANTEQUILLA

4 FILETES DE SOLOMILLO DE
TERNERA DE UNOS 175 G
CADA UNO

6 CUCHARADAS DE CALDO
DE CARNE

1 CUCHARADA DE VINAGRE
BALSÁMICO

SAL Y PIMIENTA RECIÉN MOLIDA

**PARA DECORAR**

HOJAS DE PEREJIL

**PARA 4 PERSONAS**

Parta las naranjas por la mitad y, a continuación, corte 4 rodajas finas y resérvelas para decorar. Exprima el zumo de naranja restante.

Derrita la mantequilla en una sartén de base gruesa, añada los filetes y áselos 1 o 2 minutos por cada lado o hasta que adquieran un tono dorado y se vean asados. Retírelos de la sartén, salpiméntelos al gusto y resérvelos calientes.

Vierta el zumo de naranja en la sartén y añada el caldo de carne y el vinagre. Déjelos cocer a fuego lento durante 2 minutos. Salpimiente la salsa de naranja e incorpore los filetes a la sartén. Caliéntelos a fuego lento 2 minutos o según sus preferencias. Sirva los filetes enseguida, decorados con las rodajas de naranja reservadas y el perejil.

# FILETE RELLENO
## DE SETAS

4 FILETES DE BUEY

50 G DE MANTEQUILLA

1-2 DIENTES DE AJO MAJADOS

150 G DE SETAS VARIADAS

2 CUCHARADAS DE PEREJIL
PICADO

**PARA ACOMPAÑAR**

LECHUGA VARIADA

TOMATES CEREZA PARTIDOS
POR LA MITAD

**PARA 4 PERSONAS**

Precaliente la barbacoa. Disponga los filetes en una tabla de cortar y, con la ayuda de un cuchillo afilado, realice una incisión en el lateral de cada uno de los filetes para rellenarlos.

Para preparar el relleno, caliente la mantequilla en una sartén grande. Añada el ajo y fríalo a fuego lento durante 1 minuto. Incorpore las setas a la sartén y fríalas entre 4 y 6 minutos, o hasta que estén tiernas. Retire la sartén del fuego y añada el perejil.

Divida la mezcla de setas en 4 partes y rellene con ellas los filetes. Cierre el orificio con un mondadientes. Si prepara el plato con antelación, deje enfriar las setas antes de rellenar los filetes.

Ase los filetes durante 2 o más minutos por cada lado en la parte de la parrilla donde se concentre más calor. A continuación, coloque los filetes en una zona donde el calor sea menos intenso y áselos de 4 a 10 minutos más, según su preferencia.

Pase los filetes a los platos donde va a servirlos y retire los mondadientes. Sírvalos con lechuga variada y tomates cereza.

### Método de cocción alternativo

También puede asar los filetes en la plancha o en la sartén. Conviene untar la plancha con un poco de aceite y precalentarla antes de colocar la carne. El tiempo de cocción puede aumentar ligeramente puesto que con este método no se genera tanto calor como con la barbacoa.

# SOLOMILLO A LA PIMIENTA

2 CUCHARADAS DE PIMIENTA
NEGRA O VARIADA, EN GRANO,
MAJADA GRUESA

4 FILETES DE SOLOMILLO DE
TERNERA DE UNOS 2,5 CM DE
GROSOR, A TEMPERATURA
AMBIENTE

20 G DE MANTEQUILLA

1 CUCHARADITA DE ACEITE DE
GIRASOL

4 CUCHARADAS DE BRANDY

4 CUCHARADAS DE NATA FRESCA
ESPESA (OPCIONAL)

SAL Y PIMIENTA

**PARA DECORAR**

HOJAS DE BERROS

**PARA 4 PERSONAS**

Esparza los granos de pimienta majados sobre una fuente
y coloque encima los filetes; presiónelos por ambos lados para
que se cubran de pimienta.

Derrita la mantequilla con el aceite a fuego medio en una sartén
grande. Añada los filetes y áselos durante 3 minutos por cada lado
si los desea muy poco hechos, 3½ minutos si los prefiere poco
hechos, 4 minutos por cada lado si los quiere al punto y de
4½ a 5 minutos si le gustan bien asados.

Pase los filetes a una fuente caliente y resérvelos; cúbralos con
papel de aluminio para que no se enfríen. Vierta el brandy en
la sartén, suba el fuego y, con la ayuda de una cuchara de madera,
diluya los restos que hayan podido adherirse al fondo de la
sartén. Reduzca la salsa a unas 2 cucharadas aproximadamente.

Introduzca en la sartén el jugo acumulado de la carne, vierta la
nata a cucharadas, si la utiliza, y siga cociendo la mezcla hasta
que la salsa se haya reducido de nuevo a la mitad. Pruébela y
rectifique la sazón si fuera necesario. Vierta cucharadas de salsa
sobre los filetes, decórelos con hojitas de berros y sírvalos
enseguida.

# LOMO A LA NAPOLITANA

4 FILETES DE LOMO DE CERDO DE
UNOS 125 G CADA UNO

**PARA 4 PERSONAS**

### SALSA

2 CUCHARADAS DE ACEITE DE
OLIVA

1 DIENTE DE AJO MAJADO

1 CEBOLLA GRANDE EN RODAJAS

400 G DE TOMATE EN LATA

2 CUCHARADITAS DE EXTRACTO
DE LEVADURA

75 G DE OLIVAS NEGRAS
DESHUESADAS

2 CUCHARADAS DE ALBAHACA
FRESCA PICADA GRUESA

### PARA DECORAR

HOJAS DE ALBAHACA FRESCA

QUESO PARMESANO
RALLADO

### PARA ACOMPAÑAR

VERDURAS RECIÉN COCIDAS Y
PAN RECIÉN HORNEADO

Caliente el aceite en una sartén grande. Añada el ajo y la cebolla, y fríalos, removiendo de vez en cuando, entre 3 y 4 minutos, o hasta que comiencen a ablandarse.

Agregue el tomate y el extracto de levadura a la sartén y cuézalo todo durante 5 minutos o hasta que la salsa empiece a espesarse.

Ase el lomo bajo el gratinador precalentado durante 5 minutos por cada lado, hasta que la carne esté en su punto. Resérvela caliente.

Incorpore las olivas y la albahaca a la salsa de la sartén, y remueva enérgicamente para que se mezclen bien.

Pase los filetes de lomo a los platos en que vaya a servirlos, coloque encima la salsa, espolvoréelos con parmesano recién rallado, decórelos con las hojas de albahaca y sírvalos acompañados de verduras y pan.

# SÁNDWICH NUEVA ORLEANS

4 CUCHARADAS DE ACEITE
DE OLIVA

2 CEBOLLAS GRANDES
EN AROS FINOS

2 DIENTES DE AJO MAJADOS

1 CUCHARADA DE VINAGRE
DE VINO TINTO

1 CUCHARADA DE TOMILLO
FRESCO PICADO

3 CUCHARADAS DE PEREJIL
PICADO

2 CUCHARADITAS DE MOSTAZA
SUAVE

SAL Y PIMIENTA

4 FILETES DE TERNERA DEL
CUARTO TRASERO DE UNOS 175 G
CADA UNO

8 REBANADAS DE PAN

115 G DE QUESO ROQUEFORT
DESMENUZADO

4 TOMATES EN RODAJAS

1 COGOLLO DE LECHUGA TROCEADO

**PARA 4 PERSONAS**

Caliente la mitad del aceite en una sartén de base gruesa. Añada la cebolla, el ajo y una pizca de sal. A continuación, tape la sartén y fríalos a fuego muy lento entre 25 y 30 minutos o hasta que estén muy blandos.

Bata el sofrito en el robot de cocina hasta obtener una salsa suave. Pásela a un bol, añádale el vinagre, el tomillo, el perejil y la mostaza, y salpimiente la mezcla. Tápela y colóquela junto a la barbacoa.

Unte los filetes con el resto del aceite y salpimiéntelos. Áselos en la barbacoa caliente durante 2 minutos por cada lado si los prefiere poco hechos, 4 minutos si los quiere al punto o unos 6 minutos por cada lado si le gustan bien asados.

Mientras tanto, tueste el pan por ambos lados, y úntelo con la salsa de cebolla y ajo. Coloque un filete en cada tostada. Reparta por encima el roquefort desmenuzado, el tomate y la lechuga. Coloque encima la otra tostada y sirva el sándwich.

## Método de cocción alternativo

También puede asar los filetes en la plancha o en la sartén. Conviene untar la plancha con un poco de aceite y precalentarla antes de colocar la carne. El tiempo de cocción puede aumentar ligeramente puesto que con este método no se genera tanto calor como con la barbacoa. Por consiguiente, debe observar la carne para comprobar que esté asada al punto que desea.

# BISTEC DE CERDO A LA
## MOSTAZA

2 MANZANAS PELADAS,
DESCORAZONADAS Y RALLADAS
50 G DE MIGA DE PAN
1 CUCHARADA DE SALVIA
FRESCA PICADA
2 CUCHARADITAS DE MOSTAZA
DE GRANO ENTERO
4 FILETES DE CERDO
ACEITE DE OLIVA PARA UNTAR

**PARA DECORAR**
GAJOS DE LIMÓN Y
UN POCO DE ENSALADA

**PARA 4 PERSONAS**

Mezcle la manzana rallada, la miga de pan, la salvia y la mostaza
en un bol. Retire la grasa de los filetes y úntelos con aceite.

Ase la carne en la barbacoa a fuego medio durante 6 o 7 minutos.
A continuación, retire los filetes de la barbacoa, páselos a una
tabla y deles la vuelta. Reparta encima la salsa y presiónela contra
la carne; ásela entre 10 y 15 minutos más.

Con cuidado, coloque los filetes en los platos donde va a servirlos
con la salsa en la parte de arriba, decórelos con gajos de limón y
un poco de ensalada, y sírvalos enseguida.

### Método alternativo de cocción
También puede asar los filetes en la plancha o en la sartén.
Conviene untar la plancha con un poco de aceite y precalentarla
antes de colocar la carne. El tiempo de cocción puede aumentar
ligeramente puesto que con este método no se genera tanto calor
como con la barbacoa. Por consiguiente, debe observar la carne
para comprobar que esté asada al punto que desea.

# SOLOMILLO MARINADO

6 FILETES DE SOLOMILLO DE
TERNERA DE UNOS 175 G CADA UNO

## MARINADA

180 ML DE CERVEZA NEGRA

2 CUCHARADAS DE ACEITE
DE OLIVA

3 CUCHARADAS DE AZÚCAR
MORENO

2 CUCHARADAS DE SALSA
WORCESTERSHIRE

1 CUCHARADAS DE MOSTAZA
DE GRANO ENTERO

2 DIENTES DE AJO PICADOS FINOS

## MANTEQUILLA DE MOSTAZA

225 G DE MANTEQUILLA
ABLANDADA

2 CUCHARADAS DE MOSTAZA
AL ESTRAGÓN

1 CUCHARADA DE PEREJIL PICADO

**PARA 6 PERSONAS**

Coloque los filetes en una fuente. Mezcle la cerveza, el aceite, el azúcar, la salsa Worcestershire, la mostaza y el ajo en un bol. Vierta la mezcla sobre los filetes y deles la vuelta para que se impregnen bien. Cúbralos con film transparente y déjelos marinar en el frigorífico durante 4 horas.

Mientras tanto, bata la mantequilla, la mostaza y el perejil juntos en otro bol. Tape la mezcla y déjela enfriar hasta que la necesite.

Escurra los filetes y reserve la marinada. Áselos en la barbacoa caliente, untándolos con frecuencia con la marinada, durante 2 minutos por cada lado si los prefiere poco hechos, 4 minutos si los desea al punto o 6 minutos por cada lado si los prefiere bien asados. Sírvalos enseguida con la mantequilla de mostaza por encima.

## Método de cocción alternativo

También puede asar los filetes en la plancha o en la sartén. Conviene untar la plancha con un poco de aceite y precalentarla antes de colocar la carne. El tiempo de cocción puede aumentar ligeramente puesto que con este método no se genera tanto calor como con la barbacoa. Por consiguiente, debe observar la carne para comprobar que esté asada al punto que desea.

# SOLOMILLO DE VENADO ASADO

4 FILETES DE SOLOMILLO
DE VENADO

**PARA 4 PERSONAS**

## MARINADA

160 ML DE VINO TINTO

2 CUCHARADAS DE ACEITE
DE GIRASOL

1 CUCHARADA DE VINAGRE
DE VINO TINTO

1 CEBOLLA PICADA

UNAS RAMITAS DE PEREJIL

2 RAMITAS DE TOMILLO

1 HOJA DE LAUREL

1 CUCHARADITA DE AZÚCAR
EXTRAFINO

½ CUCHARADITA DE MOSTAZA
SUAVE

SAL Y PIMIENTA

## PARA ACOMPAÑAR

PATATAS ASADAS CON PIEL

LECHUGA VARIADA

TOMATES CEREZA

## VARIACIÓN

SI DESEA PREPARAR OTRO TIPO DE
MARINADA, VEA LA PÁGINA 10

Coloque los filetes en una fuente que no sea metálica.

Ponga el vino, el aceite, el vinagre, la cebolla, el perejil, el tomillo, la hoja de laurel, el azúcar, la mostaza, la sal y la pimienta en un tarro que se pueda tapar y agítelo enérgicamente hasta que todo esté bien mezclado. También puede colocar los ingredientes en un bol y batirlos con un tenedor.

Vierta la marinada sobre la carne, cúbrala y déjela marinar en el frigorífico toda la noche. Dele la vuelta a los filetes para que se impregnen bien del adobo.

Ase la carne en la barbacoa colocándola sobre la parte de la parrilla donde se concentre más calor 2 minutos por cada lado.

Pase la carne a una zona donde el calor sea menos intenso y ásela entre 4 y 10 minutos más por cada lado, según su preferencia.

Sirva la carne acompañada de patatas asadas, lechuga y tomate.

## Método de cocción alternativo

También puede asar los filetes en la plancha o en la sartén. Conviene untar la plancha con un poco de aceite y precalentarla antes de colocar la carne. El tiempo de cocción puede aumentar puesto que con este método no se genera tanto calor como con la barbacoa.

# FILETE A LA MOSTAZA
## CON TOMATE

4 FILETES DE SOLOMILLO O
ENTRECOT DE TERNERA
1 CUCHARADA DE MOSTAZA
AL ESTRAGÓN
2 DIENTES DE AJO MAJADOS

### SALSA DE TOMATE

300 G DE TOMATE TAMIZADO
2 CUCHARADAS DE AZÚCAR
MORENO
30 ML DE VINAGRE DE VINO
BLANCO
1 TROZO DE JENGIBRE EN
CONSERVA TROCEADO
½ LIMA CORTADA EN RODAJAS
FINAS
SAL

### PARA DECORAR

RAMITAS DE ESTRAGÓN

**PARA 4 PERSONAS**

Para preparar la salsa de tomate, coloque todos los ingredientes en una sartén de base gruesa y sálelos al gusto. Llévelos a ebullición y remueva hasta que el azúcar se haya disuelto por completo. Baje el fuego y deje cocer la salsa durante 40 minutos o hasta que se haya espesado, removiendo de vez en cuando. Pásela a un bol, cúbrala con film transparente y déjela enfriar.

Precaliente la barbacoa. Con la ayuda de un cuchillo afilado, corte cada uno de los filetes casi de lado a lado, como si fuera a preparar libritos. Unte el interior de la carne con la mostaza y frote la parte exterior con el ajo. Coloque los filetes en una fuente, cúbralos con film transparente y déjelos reposar durante 30 minutos.

Ase la carne a fuego vivo durante 2½ minutos por cada lado si la prefiere poco hecha, 4 minutos si la desea al punto o 6 minutos por cada lado si le gusta bien asada. Pásela a los platos donde va a servirla, decórela con las ramitas de estragón y sírvala enseguida con la salsa de tomate.

### Método de cocción alternativo

También puede asar la carne en la plancha o en la sartén. Conviene untar la plancha con un poco de aceite y precalentarla antes de colocar la carne. El tiempo de cocción puede aumentar ligeramente puesto que con este método no se genera tanto calor como con la barbacoa. Por consiguiente, debe observar la carne para comprobar que esté asada al punto que desea.

# BISTEC DE CERDO CON MADEIRA

4 FILETES DE PIERNA DE CERDO
DE UNOS 225 G CADA UNO

2 CUCHARADAS DE MANTEQUILLA

2 CLAVOS DE ESPECIA

1 PIZCA DE MACIS

240 ML DE MADEIRA

2 CUCHARADITAS DE MOSTAZA

**PARA DECORAR**

RAMITAS DE PEREJIL

**VARIACIÓN**

SI DESEA PREPARAR OTRO TIPO DE
MARINADA, VEA LA PÁGINA 10

**PARA 4 PERSONAS**

Con unas tijeras de cocina, practique diversos cortes en los bordes de los filetes para que mantengan la forma al cocinarlos.

Derrita la mantequilla en una sartén grande de base gruesa y añada los clavos y la macis. Incorpore la carne, en turnos si es necesario, y ásela durante 3 minutos por cada lado. Pásela a un plato precalentado, cúbrala y resérvela caliente.

Vierta el madeira en la sartén y llévelo a ebullición; remueva diluyendo los restos que queden adheridos en el fondo. Añada la mostaza, remueva la salsa y déjela cocer durante 2 minutos o hasta que se espese y adquiera un aspecto brillante. Vierta la salsa sobre el filete, decórelo con ramitas de perejil y sírvalo enseguida.

# SOLOMILLO MARINADO
## AL TEQUILA

2 CUCHARADAS DE ACEITE
DE OLIVA

3 CUCHARADAS DE TEQUILA

3 CUCHARADAS DE ZUMO DE
NARANJA RECIÉN EXPRIMIDO

1 CUCHARADA DE ZUMO DE LIMA
RECIÉN EXPRIMIDO

3 DIENTES DE AJO MAJADOS

2 CUCHARADITAS DE GUINDILLA
MOLIDA

2 CUCHARADITAS DE COMINO
MOLIDO

1 CUCHARADITA DE ORÉGANO
SECO

SAL Y PIMIENTA

4 FILETES DE SOLOMILLO
DE TERNERA

**PARA 4 PERSONAS**

Ponga el aceite, la tequila, el zumo de naranja y de lima, el ajo, la guindilla, el comino, el orégano, la sal y la pimienta en una fuente que no sea metálica y mezcle todos los ingredientes. Bañe los filetes en la marinada y deles la vuelta para que se impregnen bien. Cúbralos y déjelos enfriar en el frigorífico por lo menos 2 horas o toda la noche; deles la vuelta de vez en cuando.

Precaliente la barbacoa y engrase la parrilla. Deje que los filetes vuelvan a ponerse a temperatura ambiente y entonces retírelos de la marinada. Áselos a fuego vivo, durante 3 o 4 minutos por cada lado si los desea al punto, o durante más rato si los prefiere bien asados. Úntelos a menudo con la marinada y sírvalos enseguida.

### Método de cocción alternativo

También puede asar la carne en la plancha o en la sartén. Conviene untar la plancha con un poco de aceite y precalentarla antes de colocar la carne. El tiempo de cocción puede aumentar ligeramente puesto que con este método no se genera tanto calor como con la barbacoa. Por consiguiente, debe observar la carne para comprobar que esté asada al punto que desea.

# ENTRECOT CON SALSA BARBACOA

2 CUCHARADAS DE ACEITE
DE OLIVA

**MARINADA**

1 CEBOLLA PICADA FINA

450 G DE TOMATES PELADOS,
DESPEPITADOS Y TROCEADOS

2 CUCHARADAS DE ZUMO
DE LIMÓN

1 CUCHARADA DE TABASCO

2 CUCHARADAS DE SALSA
WORCESTERSHIRE

2 CUCHARADAS DE AZÚCAR
MORENO

1 CUCHARADITA DE MOSTAZA
EN POLVO

140 G DE CHALOTES PICADOS
FINOS

140 G DE MANTEQUILLA
ABLANDADA

6 ENTRECOTS DE TERNERA DE
UNOS 175 G CADA UNO

SAL Y PIMIENTA

**PARA DECORAR**

BERROS

**PARA 6 PERSONAS**

Caliente el aceite en una sartén y fría la cebolla a fuego medio, removiendo de vez en cuando, 5 minutos o hasta que quede transparente. Añada los tomates, el zumo de limón, el tabasco, la salsa Worcestershire, el azúcar y la mostaza. Tape la sartén y cueza la mezcla, removiendo de vez en cuando, de 15 a 20 minutos o hasta que se espese. Pásela a una fuente y déjela enfriar.

Mientras tanto, blanquee los chalotes 2 o 3 minutos. Escúrralos bien y séquelos con papel de cocina. En un robot de cocina, tritúrelos hasta hacerlos puré. Vaya añadiendo la mantequilla poco a poco y salpimiente la mezcla. Pásela a un bol y resérvela.

Una vez enfriada la marinada, incorpore los entrecots. Cúbralos y déjelos marinar en un lugar fresco durante 4 horas.

Escurra los entrecots y reserve la marinada. Ase la carne en la barbacoa caliente durante 2 minutos por cada lado si la desea poco hecha, o más tiempo si la prefiere bien asada, untándola con la marinada con frecuencia. Sirva la carne con una cucharada de mantequilla de chalote encima y decore el plato con berros.

## Método de cocción alternativo

También puede asar la carne en la plancha o en la sartén. Conviene untar la plancha con un poco de aceite y precalentarla antes de colocar la carne. El tiempo de cocción puede aumentar ligeramente puesto que con este método no se genera tanto calor como con la barbacoa.

# FILETE DE TERNERA CON
## BECHAMEL

4 FILETES DE REDONDO DE
TERNERA DE UNOS 140 G
CADA UNO
100 G DE HARINA
1 PIZCA DE CAYENA
3-4 CUCHARADAS DE MANTECA DE
CERDO O ACEITE DE OLIVA
300 ML DE LECHE O NATA LÍQUIDA
SAL Y PIMIENTA

**PARA 4 PERSONAS**

Coloque los filetes entre dos hojas de papel encerado y, con un rodillo de cocina, aplánelos hasta que adquieran un grosor de unos 5 mm; resérvelos.

Ponga la harina en una fuente grande y aderécela con sal, pimienta y cayena. Espolvoree los filetes con la harina sazonada por ambos lados, sacuda el exceso de harina y reserve la sobrante.

Caliente la manteca o el aceite en una sartén grande a fuego medio. Fría los filetes por tandas durante 5 o 6 minutos hasta que la parte exterior quede tostada; dándoles la vuelta una vez. Páselos a una fuente y resérvelos en el horno caliente.

Para preparar la bechamel, ponga 5 cucharadas de la harina sazonada que ha reservado en un bol pequeño, vierta lentamente la mitad de la leche sin dejar de remover y siga removiendo hasta que desaparezcan los grumos.

Vierta la mezcla anterior en la grasa de la sartén. Incorpore el resto de la leche y lleve la mezcla a ebullición. Reduzca el fuego y déjela cocer durante 2 minutos, sin dejar de remover, para que desaparezca el sabor a harina cruda. Pruebe la salsa y rectifique de sal, si fuera necesario. Sirva los filetes con la salsa por encima.

# BISTECS BORRACHOS

4 FILETES DE TERNERA

4 CUCHARADAS DE WHISKY
O BRANDY

2 CUCHARADAS DE SALSA DE SOJA

1 CUCHARADA DE AZÚCAR
MORENO

PIMIENTA

RODAJAS DE TOMATE

**PARA DECORAR**

RAMITAS DE PEREJIL

**PARA ACOMPAÑAR**

PAN DE AJO

**PARA 4 PERSONAS**

Realice unos cortes en el borde de los filetes donde se encuentra la grasa para que mantengan la forma al cocinarlos. Ponga la carne en una fuente que no sea metálica.

Mezcle el whisky o brandy, la salsa de soja, el azúcar y la pimienta en un bol pequeño y remueva hasta que el azúcar se disuelva. Vierta la mezcla sobre los filetes, cúbralos y déjelos marinar en el frigorífico un mínimo de 2 horas. A continuación, precaliente la barbacoa y ase los filetes a fuego vivo durante 2 minutos por cada lado, en la parte de la parrilla donde se concentre más calor.

Pase la carne a una zona donde el calor sea menos intenso y ásela de 4 a 10 minutos más por cada lado, según el punto de cocción que prefiera. Para comprobar si la carne está asada, inserte en ella una brocheta: si el jugo que sale es rojo, significa que la carne está poco hecha; si es más claro, que está más asada.

Ase las rodajas de tomate a la parrilla durante 1 o 2 minutos y colóquelas, junto a la carne, en platos precalentados. Decore la carne con ramitas de perejil y sírvala con pan de ajo.

## Método de cocción alternativo

También puede asar la carne en la plancha o en la sartén. Conviene untar la plancha con un poco de aceite y precalentarla antes de colocar la carne. El tiempo de cocción puede aumentar ligeramente puesto que con este método no se genera tanto calor como con la barbacoa.

# FILETE DE TERNERA AL QUESO AZUL

## MARINADA

160 ML DE VINO TINTO

1 CUCHARADA DE VINAGRE DE
VINO TINTO

1 CUCHARADA DE ACEITE
DE OLIVA

1 DIENTE DE AJO PICADO FINO

1 HOJA DE LAUREL TROCEADA

1 CUCHARADA DE MOSTAZA
DE GRANO ENTERO

4 FILETES DE SOLOMILLO O
ENTRECOT DE UNOS 175 G
CADA UNO

55 G DE QUESO AZUL COMO
GORGONZOLA

50 G DE MIGA DE PAN

2 CUCHARADAS DE PEREJIL
PICADO

## PARA DECORAR

UN POCO DE ENSALADA

**PARA 4 PERSONAS**

Mezcle el vino tinto, el vinagre, el aceite de oliva, el ajo, el laurel y la mostaza en una fuente llana. Añada la carne, dele la vuelta para que se impregne bien de la mezcla, cúbrala y déjela marinar en un lugar fresco durante 4 horas.

Mientras tanto, mezcle el queso azul, la miga de pan y el perejil en un bol pequeño. Cubra la mezcla y guárdela en el frigorífico hasta que la necesite.

Escurra la carne. Ásela a la plancha convencional o en la eléctrica durante 2 minutos por cada lado si la desea poco hecha, durante 4 minutos si la prefiere al punto o durante 6 minutos si la quiere bien asada. Vierta cucharadas de cobertura de queso sobre los filetes presionándolos con el reverso de la cuchara cuando les dé la vuelta. Sírvalos enseguida, decorados con un poco de ensalada.

# PAPILLOTE DE CARNE

4 FILETES DE SOLOMILLO
O ENTRECOT

300 ML DE VINO TINTO SECO

2 CUCHARADAS DE ACEITE
DE OLIVA

SAL Y PIMIENTA

25 G DE MANTEQUILLA

2 CUCHARADITAS DE MOSTAZA
DE DIJON

4 CHALOTES PICADOS FINOS

4 RAMITAS DE TOMILLO

4 HOJAS DE LAUREL

### VARIACIÓN

SI DESEA PREPARAR OTRO TIPO DE
MARINADA, VEA LA PÁGINA 10

**PARA 4 PERSONAS**

Coloque la carne en una fuente que no sea metálica. Mezcle el vino y el aceite en un bol y salpiméntelos al gusto. Vierta la marinada sobre la carne, cúbrala con film transparente y déjela adobar en el frigorífico durante 8 horas.

Precaliente la barbacoa. Corte 4 cuadrados de papel de aluminio de un tamaño suficiente para envolver los filetes, y unte la parte central con la mantequilla y la mostaza. Escurra la carne y colóquela en los cuadrados de papel de aluminio. Disponga encima los chalotes, el tomillo y el laurel, y doble el aluminio para formar hatillos.

Ase la carne en papillote a fuego vivo durante 10 minutos dándole la vuelta una vez. Sirva la carne enseguida sin desenvolverla.

### Método de cocción alternativo
Precaliente el horno a 180 °C y cueza los filetes envueltos entre 15 y 20 minutos. Transcurridos 10 minutos compruebe si la carne está al punto de cocción que desea.

# CERDO AL VINO CON OLIVAS

1 CUCHARADITA DE ACEITE
DE OLIVA

1 FILETE DE CERDO

¼ DE CUCHARADA DE ORÉGANO
SECO

¼ DE CUCHARADA DE TOMILLO
SECO

SAL Y PIMIENTA

2 CUCHARADITAS DE ZUMO
DE LIMÓN

4 CUCHARADAS DE VINO
BLANCO SECO

4 CUCHARADAS DE AGUA

6 ACEITUNAS NEGRAS

## PARA ACOMPAÑAR

ARROZ O PASTA FRESCA

## VARIACIÓN

SI DESEA PREPARAR OTRO TIPO DE
MARINADA, VEA LA PÁGINA 10

**PARA 1 PERSONA**

Rocíe el filete con aceite y rebócelo con las hierbas, la sal
y la pimienta para aderezarlo.

Caliente una sartén antiadherente y dore el cerdo brevemente
a fuego vivo, dándole la vuelta una sola vez.

Vierta en la sartén el zumo de limón, el vino y el agua. Lleve
la mezcla a ebullición, reduzca el fuego, tape la sartén y cuézalo
todo durante 15 minutos a fuego lento.

Incorpore las aceitunas a la sartén y prosiga con la cocción unos
5 minutos más.

Sirva el filete acompañado de arroz o pasta fresca.

# TERNERA CON TOMATE Y PIMIENTO

2 CUCHARADAS DE HARINA

SAL Y PIMIENTA

1 FILETE DE SOLOMILLO DE
TERNERA MUY FINO

1 CUCHARADA DE ACEITE
DE OLIVA

1 CUCHARADA DE MANTEQUILLA

**SALSA**

½ PIMIENTO ROJO PEQUEÑO
EN DADOS

2 TOMATES PELADOS Y EN DADOS

60 ML DE VINO BLANCO SECO

2 CUCHARADAS DE ZUMO
DE LIMÓN

**PARA 1 PERSONA**

Condimente la harina con sal y pimienta, y reboce en ella
el filete; sacúdalo para retirar el exceso de harina.

Caliente el aceite a fuego vivo en una sartén grande. Cuando
esté caliente, añada la mantequilla y espere a que se derrita.
Mueva la sartén en círculos para mezclar el aceite y la mantequilla.

Fría la carne en la sartén a fuego vivo entre 1 y 2 minutos, según
el grosor, luego dele la vuelta y cueza el otro lado durante 1 o
2 minutos más. En esta receta es preferible evitar la carne poco
hecha.

Pase el filete asado a un plato para servir precalentado. Con una
cuchara de madera frote el fondo de la sartén para desprender los
restos que hayan podido adherirse a él.

Añada los dados de pimiento y tomate a la sartén, y mézclelos
bien. A continuación, vierta el vino y el zumo de limón. Lleve
la mezcla a ebullición, reduzca el fuego y déjela cocer durante
2 minutos. Vierta la salsa sobre la carne y sírvala enseguida.

# TERNERA AL JENGIBRE
## Y GUINDILLA

4 BISTECS DE TERNERA MAGROS
(REDONDO, LOMO ALTO O
SOLOMILLO) DE 100 G CADA UNO
2 CUCHARADAS DE VINO DE
JENGIBRE
1 TROZO DE JENGIBRE DE 2,5 CM
PICADO FINO
1 DIENTE DE AJO MAJADO
1 CUCHARADITA DE GUINDILLA
MOLIDA
1 CUCHARADITA DE ACEITE
DE OLIVA
SAL Y PIMIENTA

### SALSA
225 G DE PIÑA NATURAL
1 PIMIENTO ROJO PEQUEÑO
1 GUINDILLA ROJA PEQUEÑA
2 CUCHARADAS DE SALSA
DE SOJA CLARA
1 TROZO DE JENGIBRE CONFITADO
Y TROCEADO

### PARA DECORAR
TIRAS FINAS DE GUINDILLA ROJA

### PARA ACOMPAÑAR
TALLARINES RECIÉN COCIDOS
2 CEBOLLETAS EN TIRAS FINAS

**PARA 4 PERSONAS**

Retire el exceso de grasa de la carne, si fuera necesario. Con una maza para carne o un rodillo envuelto golpee los filetes hasta que adquieran un grosor de 1 cm. Salpiméntelos por ambos lados y páselos a una fuente llana.

Mezcle el vino de jengibre, el jengibre, el ajo y la guindilla, y vierta la mezcla sobre la carne. Cúbrala con film transparente y refrigérela durante 30 minutos.

Mientras tanto, prepare la salsa. Pele la piña, córtela en trozos pequeños y pásela a un bol. Parta el pimiento y la guindilla por la mitad, despepítelos y trocéelos. Añada estos ingredientes a la piña con la salsa de soja y el jengibre confitado. Cúbralo todo con film transparente y refrigérelo hasta que lo necesite.

Unte una plancha con el aceite y póngala al fuego hasta que esté muy caliente. Escurra la carne y colóquela en la plancha. Presiónela para que se ase bien. Baje el fuego y déjela asar otros 5 minutos. Dele la vuelta y ásela 5 minutos más.

Escurra los filetes en papel de cocina y páselos a los platos donde va a servirlos, previamente calentados. Decore la carne con tiras de guindilla y sírvala con la pasta, la cebolleta y la salsa.

# ENTRECOT CON CEBOLLA

4 ENTRECOTS

2 CUCHARADITAS DE MOSTAZA
DE GRANO ENTERO

SAL Y PIMIENTA

2 CUCHARADAS DE ACEITE
DE OLIVA

LA RALLADURA Y EL ZUMO
DE ½ NARANJA

**CEBOLLA ROJA CONFITADA**

2 CUCHARADAS DE ACEITE
DE OLIVA

450 G DE CEBOLLA ROJA EN AROS

UNOS 180 ML DE VINO TINTO

LA RALLADURA DE 1 NARANJA

1 CUCHARADA DE AZÚCAR

SAL Y PIMIENTA

**PARA ACOMPAÑAR**

PATATAS BLANCAS HERVIDAS

**PARA 4 PERSONAS**

Precaliente la barbacoa. Para preparar la cebolla confitada, ponga la cebolla con el aceite en una sartén y fríala a fuego lento de 5 a 10 minutos. Añada el vino, la ralladura de naranja y el azúcar y cuézalo todo de 10 a 15 minutos hasta que se haya evaporado la mayor parte del líquido. Deje enfriar la mezcla y salpiméntela.

Realice unos cortes en el borde de la carne donde se encuentra la grasa para que mantenga la forma al cocinarla. Con la ayuda de un cuchillo, unte la carne con un poco de mostaza y salpiméntela.

Mezcle el aceite, la ralladura y el zumo de naranja en un bol y reserve la mezcla obtenida.

Ase la carne a fuego vivo durante 2 minutos por cada lado, untándola de vez en cuando con la mezcla de zumo de naranja.

Pase la carne a una zona donde el calor sea menor y ásela, untándola de vez en cuando, entre 4 y 10 minutos más por cada lado, según el punto de cocción que prefiera. Pase la carne a los platos y sírvala con la cebolla confitada y patatas enteras hervidas.

## Método de cocción alternativo

También puede asar la carne en la plancha o en la sartén. Conviene untar la plancha con un poco de aceite y precalentarla antes de colocar la carne. El tiempo de cocción puede aumentar ligeramente puesto que con este método no se genera tanto calor como con la barbacoa.

# 2 CHULETAS

Por su versatilidad, las chuletas son un plato perfecto para el menú diario y este capítulo ofrece infinidad de maneras de hacerlas especiales. Se incluyen recetas originales, como las Chuletas de cordero a la menta (*véase* página 84) y las Chuletas de cerdo glaseadas (*véase* página 108), y platos de lugares tan distintos como Grecia, Francia, Oriente Próximo, Italia y el Caribe. ¿Por qué no variar y alegrar el menú familiar preparando Chuletas de ternera con setas (*véase* página 68), Cerdo al limón (*véase* página 112) o Cordero al estilo persa (*véase* página 82)?

# CHULETAS DE TERNERA CON SETAS

200 G DE MANTEQUILLA

4 CHULETAS DE TERNERA DE 250 G
SIN GRASA

1 CEBOLLA GRANDE EN RODAJAS

2 MANZANAS PELADAS,
DESCORAZONADAS Y EN RODAJAS

170 G DE CHAMPIÑONES
PEQUEÑOS ENTEROS

1 CUCHARADA DE ESTRAGÓN
FRESCO PICADO

8 GRANOS DE PIMIENTA NEGRA

1 CUCHARADA DE SEMILLAS
DE SÉSAMO

400 G DE TALLARINES

60 ML DE ACEITE DE OLIVA
VIRGEN EXTRA

170 G DE MASCARPONE
DESMENUZADO

SAL Y PIMIENTA

2 TOMATES MADUROS GRANDES
POR LA MITAD

LAS HOJAS DE UNA RAMITA DE
ALBAHACA FRESCA

**PARA 4 PERSONAS**

Derrita 4 cucharadas de mantequilla en una sartén y sofría la ternera durante 5 minutos por cada lado. Pásela a un plato y resérvela caliente.

Dore la cebolla y la manzana en la sartén y, a continuación, páselas a un plato, ponga encima la ternera y resérvelas calientes.

Sofría los champiñones, el estragón y los granos de pimienta en la mantequilla restante durante 3 minutos. Esparza por encima las semillas de sésamo.

Lleve a ebullición una cacerola con agua salada. Incorpore la pasta y 1 cucharada de aceite, y cuézala hasta que esté al dente. Escúrrala y pásela a una fuente refractaria.

Cubra la pasta con el mascarpone y rocíelos con el resto del aceite de oliva. Disponga la cebolla, la manzana y las chuletas sobre la pasta. Con una cuchara, añada los champiñones, los granos de pimienta y el jugo que ha quedado en la sartén de las chuletas; ponga los tomates y las hojas de albahaca alrededor, y hornéelo todo a 180 °C durante 5 minutos en el horno precalentado. Salpimiente el plato al gusto y sírvalo enseguida.

# CORDERO CON TOMATE Y CALABACÍN

4-8 CHULETAS DE CORDERO

PIMIENTA

2 CUCHARADAS DE ACEITE
DE OLIVA

1 CEBOLLA PICADA FINA

1 DIENTE DE AJO PICADO FINO

4 CUCHARADAS DE OUZO O LICOR
DE ANÍS (OPCIONAL)

400 G DE TOMATE DE LATA
CON SU JUGO

1 PIZCA DE AZÚCAR

250 G DE CALABACINES
EN RODAJAS

2 CUCHARADAS DE TOMILLO
FRESCO PICADO

SAL

**PARA 4 PERSONAS**

Sazone las chuletas con la pimienta. A continuación, caliente el aceite en una cacerola grande y sofría la cebolla y el ajo durante 5 minutos, hasta que estén blandos. Añada las chuletas de cordero y sofríalas hasta que se doren por ambos lados.

Si desea añadir el ouzo, viértalo en la cacerola y añada los tomates con su jugo, el azúcar, los calabacines, el tomillo y la sal. Lleve la mezcla a ebullición y luego déjela cocer a fuego lento entre 30 y 45 minutos o hasta que la carne y el calabacín estén tiernos. Durante la cocción debe remover los ingredientes de vez en cuando y dar la vuelta al cordero una vez. Si conviene, puede añadir un poco de agua si la salsa se espesa demasiado. Sirva el plato caliente.

# CHULETAS DE CERDO
## CON HIERBAS

4 CHULETAS DE CERDO

**MARINADA**

4 CUCHARADAS DE ACEITE
DE OLIVA

2 CUCHARADAS DE ZUMO
DE LIMÓN

1 CUCHARADA DE MEJORANA
FRESCA PICADA

1 CUCHARADA DE TOMILLO
FRESCO PICADO

2 CUCHARADAS DE PEREJIL
PICADO

1 DIENTE DE AJO PICADO FINO

1 CEBOLLA PICADA FINA

SAL Y PIMIENTA

**MANTEQUILLA DE QUESO
AZUL Y NUECES**

55 G DE MANTEQUILLA

4 CEBOLLETAS PICADAS FINAS

140 G DE QUESO GORGONZOLA
DESMENUZADO

2 CUCHARADAS DE NUECES
PICADAS FINAS

**PARA ACOMPAÑAR**

UN POCO DE ENSALADA

**PARA 4 PERSONAS**

Retire la grasa de las chuletas y colóquelas en un plato. Mezcle bien el aceite, el zumo de limón, la mejorana, el tomillo, el perejil, el ajo y la cebolla en un bol, y luego salpimiente la mezcla. Viértala sobre las chuletas y deles la vuelta para que se impregnen por ambos lados. Cúbralas y déjelas marinar en el frigorífico toda la noche.

Para preparar la mantequilla sazonada, derrita la mitad de la mantequilla en una sartén y fría la cebolleta a fuego lento durante unos minutos, removiendo con frecuencia, hasta que quede blanda. Pásela a un bol y mézclela con el queso, las nueces y la mantequilla restante. Con la mezcla forme un rollo, cúbralo y refrigérelo hasta que lo necesite.

Escurra las chuletas y reserve la marinada. Ase la carne en la barbacoa caliente durante 5 minutos por cada lado y, a continuación, prosiga la cocción sobre brasas menos calientes o en una parrilla situada más arriba. Dele la vuelta a las chuletas, úntelas de vez en cuando con la marinada y áselas 10 minutos más por cada lado o hasta que estén bien asadas. Páselas a los platos y póngales encima una o dos rodajas de la mantequilla con nueces. Sirva la carne enseguida con un poco de ensalada.

### Método de cocción alternativo

También puede asar las chuletas bajo el gratinador. El tiempo de cocción puede variar ligeramente si sigue este método, por lo cual debe observar la carne para comprobar que esté asada al punto que desee.

# MEDALLONES DE CORDERO

4 CHULETAS DE CORDERO

1 CUCHARADA DE ACEITE
DE OLIVA

1 CUCHARADA DE MANTEQUILLA

160 ML DE VINO BLANCO

160 ML DE CALDO DE CORDERO
O DE VERDURAS

2 HOJAS DE LAUREL

LA PIEL DE 1 LIMÓN EN TIRAS

SAL Y PIMIENTA

**PARA 4 PERSONAS**

Con la ayuda de un cuchillo afilado, deshuese las chuletas, dejando la carne intacta. Como alternativa, puede pedir a su carnicero que le prepare medallones de cordero.

Dé forma redondeada a la carne y átela con hilo de bramante.

Caliente el aceite y la mantequilla en una sartén grande hasta que la mezcla empiece a espumar.

Coloque los medallones de cordero en la sartén y fríalos unos 2 o 3 minutos por cada lado o hasta que se hayan dorado.

Retire la sartén del fuego, retire también la carne, escurra el exceso de grasa y deséchelo. Vuelva a colocar los medallones en la sartén.

Ponga de nuevo la sartén al fuego, añada el vino, el caldo, el laurel y la piel de limón, y deje cocer todos los ingredientes a fuego lento entre 20 y 25 minutos, o hasta que el cordero quede tierno. Salpimiente al gusto.

Pase la carne a los platos donde va a servirla, retire el hilo de los medallones y sírvalos acompañados de la salsa.

# TERNERA CON VERDURAS

## VERDURAS EN ESCABECHE

160 ML DE ACEITE DE OLIVA

4 CHALOTES EN RODAJAS

UNAS HEBRAS DE AZAFRÁN

450 G DE ZANAHORIAS TIERNAS
PELADAS Y EN RODAJAS FINAS

225 G DE JUDÍAS TIERNAS EN
TROZOS PEQUEÑOS

225 G DE RAMITOS DE COLIFLOR
MUY PEQUEÑOS

3 CUCHARADAS DE VINAGRE DE
VINO BLANCO

1 CUCHARADITA DE SEMILLAS DE
CILANTRO MAJADAS

½ CUCHARADITA DE PIMIENTA EN
GRANO MAJADA

1 HOJA DE LAUREL PARTIDA POR
LA MITAD

4 CHULETAS DE TERNERA DE 225 G
CADA UNA Y DE 2 CM DE GROSOR

SAL Y PIMIENTA

### PARA DECORAR

2 CUCHARADAS DE CEBOLLINO
FRESCO PICADO

### PARA ACOMPAÑAR

ACEITE DE OLIVA AL AJO

## PARA 4 PERSONAS

Para preparar las verduras en escabeche, caliente el aceite en una sartén a fuego medio. Añada los chalotes y el azafrán, y déjelos freír entre 5 y 7 minutos, hasta que los chalotes comiencen a ablandarse. Añada las zanahorias, las judías y la coliflor. Ponga el fuego muy bajo, tape la sartén y rehogue las verduras entre 5 y 8 minutos, hasta que queden tiernas pero crujientes. Incorpore entonces el vinagre, las semillas de cilantro, la pimienta y la hoja de laurel. Retire la sartén del fuego y deje enfriar las verduras, a menos que vaya a servir el plato enseguida.

Cuando esté a punto de asar las chuletas, úntelas con aceite y salpiméntelas. Colóquelas a unos 10 cm bajo el gratinador precalentado y áselas durante 3 minutos. Deles la vuelta y áselas otros 2 minutos si le gustan asadas al punto.

Disponga la carne en platos individuales y sirva cucharadas de verduras al lado de cada chuleta. Esparza el cebollino por encima y aderece con el aceite al ajo. Sirva el plato enseguida.

# CORDERO CON SALSA DE GROSELLAS

4 CUCHARADAS DE MERMELADA
DE GROSELLA ROJA

2 CUCHARADAS DE VINAGRE DE
GROSELLA

½ CUCHARADITA DE ROMERO SECO

1 DIENTE DE AJO MAJADO

1 CUCHARADA DE ACEITE DE
OLIVA Y ALGO MÁS PARA UNTAR

8 CHULETAS DE CORDERO

4 BERENJENAS PEQUEÑAS

**PARA 4 PERSONAS**

Precaliente la barbacoa. Para preparar la salsa, ponga la mermelada, el vinagre, el romero, el ajo y el aceite en una sartén y caliente la mezcla, removiendo de vez en cuando, hasta que los ingredientes se hayan mezclado bien.

Ase las chuletas a fuego vivo durante 5 minutos por cada lado. A continuación, corte las berenjenas por la mitad y unte la parte cortada con abundante aceite de oliva. Áselas junto con el cordero durante 3 o 4 minutos por cada lado y resérvelas calientes.

Unte las chuletas con la salsa y áselas 5 minutos más por cada lado, untándolas con frecuencia, hasta que estén bien asadas. Mantenga la salsa de grosellas caliente, junto a la parrilla.

Coloque el cordero y las berenjenas en platos precalentados y vierta sobre ellos la salsa de grosellas reservada. Sírvalos enseguida.

### Método de cocción alternativo

También puede asar las chuletas en la plancha o en la sartén. Conviene untar la plancha con un poco de aceite y precalentarla antes de colocar la carne. El tiempo de cocción puede aumentar ligeramente puesto que con este método no se genera tanto calor como con la barbacoa. Por consiguiente, debe observar la carne para comprobar que está asada al punto que desea.

# CERDO CON ENEBRINAS Y GINEBRA

4 CHULETAS DE CERDO DE UNOS
175 G CADA UNA

60 ML DE GINEBRA SECA

180 ML DE ZUMO DE NARANJA

2 CEBOLLAS ROJAS O BLANCAS
PARTIDAS POR LA MITAD

6 BAYAS DE ENEBRO
LIGERAMENTE MAJADAS

LA RALLADURA FINA
DE 1 NARANJA

1 RAMA DE CANELA

1 HOJA DE LAUREL

2 CUCHARADITAS DE TOMILLO
FRESCO PICADO FINO

SAL Y PIMIENTA

**VARIACIÓN**

SI DESEA PREPARAR OTRO TIPO DE
MARINADA, VEA LA PÁGINA 10

**PARA 4 PERSONAS**

Coloque las chuletas en una fuente llana que no sea metálica. Vierta la ginebra y el zumo de naranja, y añada las mitades de cebolla. A continuación, agregue las bayas de enebro, la ralladura de naranja, la canela, el laurel y el tomillo y, con un tenedor, remueva bien hasta que las chuletas queden bien impregnadas. Cúbralo todo con film transparente y déjelo marinar en el frigorífico unas 8 horas.

Precaliente la barbacoa. Escurra las chuletas y las cebollas, y reserve la marinada. Salpimiente la carne y vierta la marinada en una jarrita.

Ase el cerdo y las cebollas en la barbacoa entre 7 y 9 minutos por cada lado o hasta que la carne se haya asado por dentro, untándola con frecuencia con la marinada que ha reservado. Páselo todo a una fuente y sírvalo enseguida.

## Método de cocción alternativo

También puede asar las chuletas en la plancha o en la sartén. Conviene untar la plancha con un poco de aceite y precalentarla antes de colocar la carne. El tiempo de cocción puede aumentar ligeramente puesto que con este método no se genera tanto calor como con la barbacoa. Por consiguiente, debe observar la carne para comprobar que está asada al punto que desea.

# CORDERO AL ESTILO PERSA

2 CUCHARADAS DE MENTA
FRESCA PICADA

225 G DE YOGUR DESNATADO

4 DIENTES DE AJO MAJADOS

¼ DE CUCHARADITA DE PIMIENTA

6 CHULETAS DE CORDERO MAGRAS

2 CUCHARADAS DE ZUMO
DE LIMÓN

## TABOULÉ

250 G DE CUSCÚS

UNOS 480 ML DE AGUA HIRVIENDO

2 CUCHARADAS DE ACEITE
DE OLIVA

2 CUCHARADAS DE ZUMO
DE LIMÓN

½ CEBOLLA PICADA FINA

4 TOMATES PICADOS

25 G DE CILANTRO FRESCO PICADO

2 CUCHARADAS DE MENTA
FRESCA PICADA

SAL Y PIMIENTA

**PARA 4 A 6 PERSONAS**

Para preparar el adobo, mezcle bien la menta, el yogur, el ajo
y la pimienta.

Ponga las chuletas en un plato no poroso y rocíelas con el zumo
de limón. Vierta el adobo de yogur sobre ellas, cúbralas y déjelas
macerar entre 2 y 3 horas.

Para preparar el *taboulé*, ponga el cuscús en un cuenco refractario
y vierta encima el agua hirviendo. Déjelo reposar durante unos
5 minutos. Páselo a un escurridor. Cuézalo al vapor sobre una olla
con agua casi hirviendo durante 8 minutos. Páselo a un cuenco
y rocíelo con el aceite y el zumo de limón. A continuación,
incorpore la cebolla, el tomate y las hierbas. Salpimiente la
mezcla y resérvela.

Ase el cordero en la barbacoa durante 15 minutos, dándole
la vuelta una vez. Sírvalo acompañado del *taboulé*.

## Método de cocción alternativo

También puede asar las chuletas en la plancha o en la sartén.
Conviene untar la plancha con un poco de aceite y precalentarla
antes de colocar la carne. El tiempo de cocción puede aumentar
ligeramente puesto que con este método no se genera tanto calor
como con la barbacoa. Por consiguiente, debe observar la carne
para comprobar que está asada al punto que desea.

# CHULETAS DE CORDERO
## A LA MENTA

6 CHULETAS DE CORDERO DE
UNOS 175 G CADA UNA

150 G DE YOGUR NATURAL

2 DIENTES DE AJO PICADOS FINOS

1 CUCHARADITA DE JENGIBRE
FRESCO RALLADO

¼ DE CUCHARADITA DE SEMILLAS
DE CILANTRO MAJADAS

SAL Y PIMIENTA

1 CUCHARADA DE ACEITE DE
OLIVA Y ALGO MÁS PARA UNTAR

1 CUCHARADA DE ZUMO DE
NARANJA

1 CUCHARADITA DE ACEITE
DE NUEZ

2 CUCHARADAS DE MENTA
FRESCA PICADA

**PARA 6 PERSONAS**

Ponga las chuletas en una fuente que no sea metálica. Mezcle la mitad del yogur, el ajo, el jengibre y las semillas de cilantro en un bol y salpimiente la mezcla. Ponga esta salsa sobre las chuletas con ayuda de una cucharada, deles la vuelta para que se impregnen bien, cúbralas con film transparente y déjelas adobar en el frigorífico durante 2 horas, dándoles la vuelta de vez en cuando.

Precaliente la barbacoa. Coloque el resto del yogur, el aceite de oliva, el zumo de naranja, el aceite de nuez y la menta en otro bol y, con un batidor de varillas manual, bata todos los ingredientes hasta que queden bien mezclados. Salpimiente la mezcla, cúbrala con film transparente y déjela enfriar en el frigorífico hasta que vaya a servirla.

Escurra las chuletas y retire los restos del adobo que tengan adheridos. Úntelas con aceite de oliva y áselas entre 5 y 7 minutos por cada lado. Sírvalas enseguida con la salsa de menta y yogur.

### Método de cocción alternativo

También puede asar las chuletas en la plancha o en la sartén. Conviene untar la plancha con un poco de aceite y precalentarla antes de colocar la carne. El tiempo de cocción puede aumentar ligeramente puesto que con este método no se genera tanto calor como con la barbacoa. Por consiguiente, debe observar la carne para comprobar que está asada al punto que desea.

# CHULETAS DE CERDO
## ITALIANAS

4 CHULETAS DE AGUJA DE CERDO

4 HOJAS DE SALVIA FRESCA

2 CUCHARADAS DE ALCAPARRAS
EN SAL

2 PEPINILLOS PICADOS

**MARINADA**

4 CUCHARADAS DE VINO
BLANCO SECO

1 CUCHARADA DE AZÚCAR
MORENO

2 CUCHARADAS DE ACEITE
DE OLIVA

1 CUCHARADITA DE MOSTAZA DE
DIJON

**PARA DECORAR**

UN POCO DE ENSALADA

**PARA ACOMPAÑAR**

PAN DE AJO

**VARIACIÓN**

SI DESEA PREPARAR OTRO TIPO DE
MARINADA, VEA LA PÁGINA 10

**PARA 4 PERSONAS**

Retire el exceso de grasa que puedan tener las chuletas y póngalas en una fuente llana. Encima de ellas disponga las hojas de salvia. Lave las alcaparras, séquelas y repártalas por encima de las chuletas, junto con los pepinillos.

Mezcle el vino, el azúcar, el aceite y la mostaza en un bol pequeño, y vierta la mezcla sobre las chuletas. Cubra la carne con film transparente y déjela marinar en un lugar fresco durante unas 2 horas.

Escurra las chuletas y reserve la marinada. Ase la carne en la barbacoa a fuego vivo durante 5 minutos por cada lado y luego pásela a un parte de fuego moderado o en una parrilla colocada más arriba, dándole la vuelta y untándola de vez en cuando con la marinada reservada, durante unos 10 minutos más por cada lado o hasta que el interior se haya asado. Sírvala enseguida con un poco de ensalada y pan de ajo, si lo prefiere.

### Método de cocción alternativo

También puede asar la carne en la plancha o en la sartén. Conviene untarla con un poco de aceite y precalentarla antes de colocar la carne. El tiempo de cocción puede aumentar ligeramente puesto que con este método no se genera tanto calor como con la barbacoa. Por consiguiente, debe observar la carne para comprobar que está asada al punto que desea.

# HATILLOS DE CORDERO
## Y TOMATES

1 CUCHARADA DE ACEITE
VEGETAL
1 CHULETA O FILETE DE CORDERO
GRANDE
4 TOMATES CEREZA
1 DIENTE DE AJO MAJADO
2 CUCHARADITAS DE ORÉGANO
FRESCO TROCEADO O DE
ROMERO
SAL Y PIMIENTA

**PARA 1 PERSONA**

Precaliente el horno a 160 °C.

Caliente el aceite a fuego vivo en una sartén de base gruesa y dore la carne de cordero por ambos lados.

Corte un cuadrado grande de papel de aluminio, escurra la carne y colóquela en el centro del papel. Disponga los tomates y el ajo sobre la carne, esparza el orégano o el romero, la sal y la pimienta. Doble el aluminio para sellar el hatillo y colóquelo en una bandeja de horno.

Hornee la carne durante 45 minutos o hasta que esté tierna.

Abra el hatillo con cuidado para que pueda salir el vapor, luego pase la carne y los tomates a un plato, y sobre ellos vierta cucharadas del jugo del asado.

# CHULETAS
## AGRIDULCES

### SALSA

60 ML DE SALSA DE CIRUELAS,
*HOISIN*, AGRIDULCE O DE PATO

1 CUCHARADITA DE AZÚCAR
MORENO OSCURO

1 CUCHARADA DE *KETCHUP*

1 PIZCA DE AJO MOLIDO

2 CUCHARADAS DE SALSA DE
SOJA OSCURA

4 CHULETAS (O FILETES) DE
CERDO MAGRAS

### PARA ACOMPAÑAR

ARROZ Y GUISANTES COCIDOS

**PARA 4 PERSONAS**

Precaliente la plancha a fuego vivo.

Mezcle la salsa que elija, el azúcar moreno, el *ketchup*, el ajo molido y la salsa de soja en un bol pequeño.

Disponga las chuletas en una sola capa en una fuente llana. Unte la parte superior con la salsa y luego colóquelas en la plancha, con el lado untado de salsa hacia abajo. Ase la carne durante 5 minutos, presionándola para que se marquen en ella las rayas de la plancha.

Reduzca el fuego y, dándoles la vuelta una vez, ase las chuletas durante otros 10 minutos o hasta que queden firmes y suelten un jugo claro al pincharlas con un mondadientes.

Pase las chuletas a una fuente y sírvalas enseguida con arroz y guisantes.

# CORDERO CON
## BERENJENAS

1 BERENJENA

SAL Y PIMIENTA

4-8 CHULETAS DE CORDERO

3 CUCHARADAS DE ACEITE DE
OLIVA Y UN POCO MÁS
PARA UNTAR

1 CEBOLLA PICADA FINA

1 DIENTE DE AJO PICADO FINO

400 G DE TOMATES EN LATA CON
SU JUGO, TROCEADOS

1 PIZCA DE AZÚCAR

16 ACEITUNAS NEGRAS
DESHUESADAS Y EN TROZOS
GRANDES

1 CUCHARADITA DE HIERBAS
FRESCAS PICADAS COMO
ALBAHACA, PEREJIL U ORÉGANO

**PARA 4 PERSONAS**

Corte la berenjena en dados de 2 cm, póngalos en un escurridor dispuesto sobre un plato y sálelos. Cubra la berenjena con otro plato y coloque un peso encima. Déjela reposar 30 minutos.

Precaliente el gratinador. Pase los dados de berenjena bajo el chorro de agua fría y luego séquelos con papel de cocina. Sazone las chuletas con pimienta.

Ponga la carne en la parrilla del horno untada con aceite y ásela bajo el gratinador a fuego medio entre 10 y 15 minutos, dándole la vuelta una vez.

Mientras tanto, caliente el aceite de oliva en una sartén, añada la berenjena, la cebolla y el ajo, y sofríalos durante 10 minutos, hasta que estén blandos y comiencen a dorarse. Agregue el tomate con su jugo, el azúcar, las aceitunas, las hierbas, sal y pimienta, y déjelo cocer todo a fuego lento de 5 a 10 minutos.

Para servir, vierta cucharadas de salsa en 4 platos precalentados y coloque encima las chuletas.

# CERDO ASADO CARIBEÑO

4 CHULETAS DE CERDO

4 CUCHARADAS DE AZÚCAR
MORENO

4 CUCHARADAS DE ZUMO DE
NARANJA O PIÑA

2 CUCHARADAS DE RON DE
JAMAICA

1 CUCHARADA DE COCO RALLADO,
SIN ENDULZAR

½ CUCHARADITA DE CANELA
MOLIDA

**ARROZ CON COCO**

UNOS 240 G DE ARROZ *BASMATI*

240 ML DE AGUA

160 ML DE LECHE DE COCO

4 CUCHARADAS DE PASAS

4 CUCHARADAS DE ANACARDOS O
CACAHUETES TOSTADOS

SAL Y PIMIENTA

2 CUCHARADAS DE COCO RALLADO,
SIN ENDULZAR, TOSTADO

**PARA ACOMPAÑAR**

LECHUGA VARIADA

**PARA 4 PERSONAS**

Retire el exceso de grasa del cerdo y coloque las chuletas en una fuente llana que no sea metálica. Mezcle el azúcar, el zumo, el ron, el coco y la canela en un bol, removiendo hasta que el azúcar se disuelva. Vierta la mezcla sobre el cerdo, tápelo y déjelo marinar en el frigorífico durante 2 horas o, preferiblemente, toda la noche.

Precaliente la barbacoa y reitre la carne de la marinada; reserve el líquido para untar. Ase las chuletas entre 15 y 20 minutos, untándolas con la marinada.

Mientras tanto, prepare el arroz. Lávelo bajo el chorro de agua fría, colóquelo en una cacerola con el agua y la leche de coco, y llévelo lentamente a ebullición. Remuévalo, tápelo y baje el fuego. Deje cocer el arroz a fuego lento durante 12 minutos o hasta que esté tierno y haya absorbido el líquido. Espónjelo con un tenedor.

Añada las pasas y los anacardos, salpimiéntelo y esparza el coco tostado por encima. Disponga la carne y el arroz en los platos y sírvalos enseguida con lechuga variada.

## Método de cocción alternativo

También puede asar las chuletas en la plancha o en la sartén. Conviene untar la plancha con un poco de aceite y precalentarla antes de colocar la carne. El tiempo de cocción puede aumentar ligeramente puesto que con este método no se genera tanto calor como con la barbacoa.

# CHULETAS DE CORDERO
## MARINADAS

8 CHULETAS DE CORDERO

**MARINADA**

2 CUCHARADAS DE ACEITE DE
OLIVA VIRGEN EXTRA

2 CUCHARADAS DE SALSA
WORCESTERSHIRE

2 CUCHARADAS DE ZUMO
DE LIMÓN

2 CUCHARADAS DE GINEBRA SECA

1 DIENTE DE AJO PICADO FINO

SAL Y PIMIENTA

**MANTEQUILLA DE MOSTAZA**

55 G DE MANTEQUILLA
ABLANDADA

1½ CUCHARADITAS DE MOSTAZA
AL ESTRAGÓN

1 CUCHARADA DE PEREJIL PICADO

1 CHORRITO DE ZUMO DE LIMÓN

**PARA DECORAR**

RAMITAS DE PEREJIL

**PARA ACOMPAÑAR**

ENSALADA

**PARA 4 PERSONAS**

Precaliente la barbacoa. Coloque las chuletas de cordero en una fuente llana que no sea metálica. Mezcle todos los ingredientes de la marinada en un bol y salpiméntela. Vierta la mezcla sobre la carne y dele la vuelta para que se impregne bien. Cúbrala con film transparente y déjela adobar durante 5 minutos.

Para preparar la mantequilla de mostaza, ponga todos los ingredientes en un bol y bátalos con un tenedor para mezclarlos bien. Cubra la mezcla con film transparente y refrigérela hasta que la necesite.

Escurra la carne y reserve la marinada. Ásela en la barbacoa durante 5 minutos por cada lado untándola con frecuencia con la marinada reservada. Pásela a los platos, ponga encima de cada chuleta un poquito de mantequilla de mostaza y decórela con ramitas de perejil. Sírvala enseguida con ensalada.

## Método de cocción alternativo

También puede asar las chuletas en la plancha o en la sartén. Conviene untar la plancha con un poco de aceite y precalentarla antes de colocar la carne. El tiempo de cocción puede aumentar ligeramente puesto que con este método no se genera tanto calor como con la barbacoa.

# CHULETAS DE CERDO DE VIRGINIA

2 CUCHARADAS DE ACEITE
DE OLIVA

4 CHULETAS DE CERDO DE UNOS
175 G CADA UNA

2 CUCHARADAS DE VINO BLANCO

1 CEBOLLA PICADA

415 G DE MITADES DE MELOCOTÓN
EN ALMÍBAR, ESCURRIDAS

1 CUCHARADA DE PIMIENTA ROJA
O VERDE, EN GRANO

160 ML DE CALDO DE POLLO

2-3 CUCHARADITAS DE VINAGRE
BALSÁMICO

SAL Y PIMIENTA

**PARA 4 PERSONAS**

Caliente la mitad del aceite de oliva en una sartén grande de base gruesa. Añada las chuletas y fríalas 6 minutos por cada lado o hasta que queden doradas y asadas por dentro. Póngalas en un plato, cúbralas y resérvelas calientes. Retire el exceso de grasa de la sartén y devuélvala al fuego. Vierta el vino y cuézalo durante 2 minutos removiéndolo y diluyendo los posibles restos del fondo de la sartén. Vierta el líquido sobre la carne, vuelva a cubrirla y resérvela caliente.

Limpie la sartén con papel de cocina y caliente el resto del aceite de oliva. Añada la cebolla y fríala a fuego lento, removiendo de vez en cuando, durante 5 minutos o hasta que quede transparente. Mientras tanto, corte las mitades de melocotón en gajos.

Agregue el melocotón a la sartén y caliéntelo durante 1 minuto. Añada la pimienta y el caldo de pollo y cuézalo todo hasta que rompa a hervir. Incorpore las chuletas y los jugos de la cocción a la sartén, y sazónelas al gusto con el vinagre, sal y pimienta. Póngalas en platos precalentados y sírvalas enseguida.

# CHULETAS DE CORDERO CON PASTA

4 CHULETAS U 8 CHULETITAS DE
CORDERO

4 TOMATES PARTIDOS POR LA
MITAD

**MARINADA**

2 CUCHARADITAS DE ORÉGANO
SECO

EL ZUMO DE ½ LIMÓN

2 CUCHARADAS DE ACEITE DE
OLIVA VIRGEN EXTRA

SAL Y PIMIENTA

**PARA DECORAR**

HOJAS DE ALBAHACA

**PARA ACOMPAÑAR**

*LINGUINE* U OTRO TIPO DE PASTA
COCIDA

**PARA 4 PERSONAS**

Disponga el cordero en una sola capa en una fuente llana.
Esparza por encima el orégano, el zumo de limón, el aceite, sal
y pimienta. Cubra el plato con film transparente y déjelo macerar
en el frigorífico toda la noche.

Unos 10 minutos antes de asar la carne, sáquela del frigorífico.
Mientras tanto, precaliente la plancha a fuego vivo.

Coloque el cordero en la plancha caliente y áselo 2 minutos por
cada lado. Reduzca el fuego y deje cocer la carne a fuego medio
durante 5 minutos más, dándole la vuelta una vez. Si las chuletas
son gruesas, tal vez necesite prolongar la cocción unos minutos.
La carne está en su punto cuando el interior queda de color
rosáceo.

Entre 2 y 3 minutos antes de terminar de asar la carne, ase las
mitades de tomate en la plancha. Disponga las chuletas y los
tomates asados en una fuente grande y sírvalos enseguida con
la pasta, decorados con hojas de albahaca.

# CHULETAS DE CERDO
## CON SALVIA

2 CUCHARADAS DE HARINA

1 CUCHARADA DE SALVIA FRESCA
PICADA O 1 CUCHARADITA DE
SALVIA SECA

4 CHULETAS DE CERDO MAGRAS
DESHUESADAS

2 CUCHARADAS DE ACEITE
DE OLIVA

15 G DE MANTEQUILLA

2 CEBOLLAS ROJAS EN AROS

1 CUCHARADA DE ZUMO DE LIMÓN

2 CUCHARADITAS DE AZÚCAR
EXTRAFINO

4 TOMATES DE PERA A CUARTOS

SAL Y PIMIENTA

**PARA ACOMPAÑAR**

ENSALADA VERDE

**PARA 4 PERSONAS**

Mezcle en un plato la harina, la salvia y sal y pimienta al gusto, y reboce con ello ligeramente las chuletas por ambos lados.

Caliente el aceite y la mantequilla en una sartén y fría las chuletas durante 6 o 7 minutos por cada lado. A continuación, escúrralas, reservando los jugos de la sartén, y manténgalas calientes.

Incorpore a la sartén la cebolla con el zumo de limón, el azúcar y los tomates y fríalos unos 5 minutos o hasta que estén tiernos.

Sirva la carne con la mezcla de tomate y cebolla, acompañada de ensalada verde.

# CERDO CON SALSA DE CÍTRICOS

4 CUCHARADAS DE ZUMO DE
NARANJA RECIÉN EXPRIMIDO

4 CUCHARADAS DE VINAGRE DE
VINO TINTO

2 DIENTES DE AJO PICADOS FINOS

PIMIENTA

4 FILETES DE CERDO MAGROS

ACEITE DE OLIVA PARA UNTAR

**GREMOLATA**

3 CUCHARADAS DE PEREJIL
PICADO FINO

LA RALLADURA DE 1 LIMA

LA RALLADURA DE ½ LIMÓN

1 DIENTE DE AJO PICADO
MUY FINO

**PARA 4 PERSONAS**

Mezcle el zumo de naranja, el vinagre y el ajo en una fuente que no sea metálica y salpimiéntelo al gusto. Añada la carne y dele la vuelta para que se impregne bien. Cúbrala y déjela marinar en el frigorífico unas 3 horas.

Mientras tanto, mezcle todos los ingredientes de la *gremolata* en un bol pequeño, cúbrala con film transparente y déjela enfriar en el frigorífico hasta que la necesite.

Caliente una plancha antiadherente y úntela ligeramente con aceite de oliva. Retire los filetes de la marinada, resérvela y añada la carne a la plancha. Ásela a fuego medio-fuerte durante 5 minutos por cada lado o hasta que, al clavar la punta de un cuchillo afilado en la carne, salga un jugo claro.

Mientras tanto, vierta la marinada en un cazo pequeño y déjela cocer a fuego medio durante 5 minutos o hasta que se haya espesado un poco. Pase la carne al plato donde va a servirla y, a continuación, vierta sobre ella la salsa de naranja y esparza la *gremolata*. Sírvala enseguida.

# CERDO CON HINOJO Y ENEBRINAS

½ BULBO DE HINOJO

1 CUCHARADA DE BAYAS DE
ENEBRO

UNAS 2 CUCHARADAS DE ACEITE
DE OLIVA

LA RALLADURA FINA Y EL ZUMO
DE 1 NARANJA

4 CHULETAS DE CERDO DE UNOS
150 G CADA UNA

## PARA ACOMPAÑAR

PAN RECIÉN HORNEADO Y
ENSALADA VERDE

## VARIACIÓN

SI DESEA PREPARAR OTRO TIPO DE
MARINADA, VEA LA PÁGINA 10

**PARA 4 PERSONAS**

Pique fino el bulbo de hinojo y deseche las partes verdes.

En un mortero, maje las bayas de enebro. Mezcle las bayas
molidas con el hinojo picado, el aceite de oliva y la ralladura
de naranja.

Con un cuchillo afilado, realice unos cortes en la parte superior
de las chuletas.

Ponga la carne en una cazuela o una fuente para el horno
y reparta la mezcla de hinojo y enebrinas sobre las chuletas con
una cuchara.

Vierta el zumo de naranja sobre las chuletas, cúbralas y déjelas
marinar en el frigorífico durante unas 2 horas.

Ase la carne, bajo el gratinador precalentado entre 10 y 15 minutos,
según el grosor de la carne, o hasta que quede tierna y bien asada;
dele la vuelta de vez en cuando.

Pase las chuletas a los platos donde va a servirlas y acompáñelas
de ensalada verde y abundante pan recién horneado para mojar
en el jugo de la cocción.

# CHULETAS DE CERDO GLASEADAS

4 CHULETAS DE LOMO DE CERDO
MAGRAS

SAL Y PIMIENTA

4 CUCHARADAS DE MIEL FLUIDA

1 CUCHARADA DE JEREZ SECO

4 CUCHARADAS DE ZUMO DE
NARANJA

2 CUCHARADAS DE ACEITE
DE OLIVA

1 TROZO DE JENGIBRE FRESCO DE
UNOS 2,5 CM, RALLADO

ACEITE DE MAÍZ PARA UNTAR

**PARA 4 PERSONAS**

Precaliente la barbacoa. Salpimiente las chuletas al gusto
y resérvelas mientras prepara el glaseado.

Para preparar el glaseado, ponga la miel, el jerez, el zumo de
naranja, el aceite de oliva y el jengibre en un cazo pequeño,
y caliéntelos lentamente, sin dejar de remover, hasta que queden
bien mezclados.

Ase la carne en una parrilla engrasada en la barbacoa caliente
durante 5 minutos por cada lado.

Unte las chuletas con el glaseado y áselas entre 2 y 4 minutos más
por cada lado, untándolas con frecuencia con el glaseado.

Pase las chuletas a platos precalentados y sírvalas calientes.

**Método de cocción alternativo**
También puede asar las chuletas en la plancha o en la sartén.
Conviene untar la plancha con un poco de aceite y precalentarla
antes de colocar la carne. El tiempo de cocción puede aumentar
ligeramente puesto que con este método no se genera tanto calor
como con la barbacoa. Por consiguiente, debe observar la carne
para comprobar que está asada al punto que desea.

# CHULETAS DE CORDERO CON ROMERO

8 CHULETAS DE CORDERO

5 CUCHARADAS DE ACEITE
DE OLIVA

2 CUCHARADAS DE ZUMO
DE LIMÓN

1 DIENTE DE AJO MAJADO

½ CUCHARADITA DE PIMIENTA
AL LIMÓN

SAL

8 RAMITAS DE ROMERO FRESCO

## ENSALADA

4 TOMATES EN RODAJAS

4 CEBOLLETAS EN RODAJAS
EN DIAGONAL

## ALIÑO

2 CUCHARADAS DE ACEITE
DE OLIVA

1 CUCHARADA DE ZUMO DE LIMÓN

1 DIENTE DE AJO PICADO

¼ DE CUCHARADITA DE ROMERO
FRESCO PICADO

**PARA 4 PERSONAS**

Precaliente la barbacoa. Retire el exceso de grasa de la carne, de modo que se vea el extremo de los huesos.

Ponga el aceite, el zumo de limón, el ajo, la pimienta al limón y la sal en una fuente llana que no sea metálica, y mezcle todos los ingredientes batiéndolos con un tenedor.

Coloque el romero en la fuente, disponga encima las chuletas, cúbralas y déjelas marinar en el frigorífico por lo menos 1 hora, dándoles la vuelta una vez.

Retire las chuletas de la marinada y envuelva los extremos de los huesos con papel de aluminio para que no se quemen.

Coloque el romero en la parrilla y la carne de cordero encima. Ásela de 10 a 15 minutos, dándole la vuelta una vez.

Mientras tanto, prepare la ensalada y el aliño. Ponga los tomates en una fuente y distribuya la cebolleta por encima. Coloque todos los ingredientes del aliño en un tarro con tapa, agítelo bien y viértalo sobre la ensalada. Sírvala con las chuletas de cordero.

## Método de cocción alternativo

También puede asar las chuletas en la plancha o en la sartén. Conviene untar la plancha con aceite y precalentarla antes de colocar la carne. El tiempo de cocción puede aumentar ya que con este método no se genera tanto calor como con la barbacoa.

# CERDO AL LIMÓN

4 CHULETAS DE CERDO

PIMIENTA

2 CUCHARADAS DE ACEITE
DE OLIVA

1 MANOJO DE CEBOLLETAS
(SÓLO LA PARTE BLANCA) EN
RODAJAS FINAS

1 LECHUGA ROMANA EN TIRAS
FINAS

1 CUCHARADA DE ENELDO
FRESCO PICADO

240 ML DE CALDO DE POLLO

2 HUEVOS

EL ZUMO DE 1 LIMÓN GRANDE

SAL

**PARA 4 PERSONAS**

Sazone las chuletas con pimienta. Caliente el aceite en una sartén grande de base gruesa, añada las cebolletas y saltéelas durante 2 minutos, hasta que queden blandas. Añada las chuletas de cerdo y sofríalas durante 10 minutos, dándoles la vuelta varias veces, hasta que estén tiernas y doradas por ambos lados.

Cuando las chuletas estén asadas, añada la lechuga, el eneldo y el caldo de pollo a la sartén. Llévelo todo a ebullición, tápelo y déjelo cocer a fuego lento durante 4 o 5 minutos, hasta que la lechuga se haya ablandado.

Mientras tanto, ponga los huevos y el zumo de limón en un bol y bátalos para mezclarlos bien.

Cuando la lechuga esté blanda, retire las chuletas y la lechuga de la sartén con una espumadera, póngalas en una fuente para servir precalentada y resérvelas en el horno caliente. Pase el líquido de cocción a una jarrita.

Añada gradualmente 4 cucharadas del líquido de la cocción caliente a la mezcla de limón y huevo sin dejar de remover. Vierta la mezcla en la sartén y déjela cocer a fuego lento 2 o 3 minutos, removiendo sin cesar, hasta que la salsa se espese. (No deje hervir la salsa para que no se cuaje el huevo.) Salpimiente la salsa, viértala sobre las chuletas de cerdo con lechuga y sírvalas calientes.

# CHULETAS DE CERDO CON JUDÍAS

3 CUCHARADAS DE ACEITE
VEGETAL

4 CHULETAS DE CERDO MAGRAS
SIN EL BORDE

2 CEBOLLAS PELADAS Y EN
RODAJAS FINAS

2 DIENTES DE AJO PELADOS
Y MAJADOS

2 GUINDILLAS VERDES FRESCAS
DESPEPITADAS Y PICADAS, O BIEN

1-2 CUCHARADITAS DE GUINDILLA
MOLIDA

1 TROZO DE JENGIBRE DE 2,5 CM,
PELADO Y PICADO

1½ CUCHARADITAS DE SEMILLAS
DE COMINO

1½ CUCHARADITAS DE CILANTRO
MOLIDO

480 ML DE CALDO O AGUA

2 CUCHARADAS DE TOMATE
CONCENTRADO

½ BERENJENA PELADA Y EN
DADOS DE 1 CM

SAL

400 G DE FRÍJOLES COLORADOS
DE LATA, ESCURRIDOS

4 CUCHARADAS DE NATA ESPESA

**PARA DECORAR**

RAMITAS DE CILANTRO

**PARA 4 PERSONAS**

Caliente el aceite vegetal en una sartén grande, añada las chuletas y fríalas hasta que queden doradas por ambos lados. Retírelas de la sartén y resérvelas.

Añada la cebolla, el ajo, la guindilla, el jengibre y las especias, y sofríalo todo a fuego lento durante 2 minutos. Vierta el caldo o el agua, el concentrado de tomate y la berenjena y salpimiéntelo.

Lleve la mezcla a ebullición, disponga encima las chuletas, tape la sartén y cuézalo todo a fuego medio durante 30 minutos.

Retire un momento las chuletas y añada los fríjoles y la nata a la mezcla. Vuelva a colocar las chuletas en la sartén, tápelas y cuézalas a fuego lento 5 minutos para calentarlas.

Pruebe el guiso y, si fuera necesario, rectifique la sazón. Sirva el plato caliente, decorado con ramitas de cilantro.

# TERNERA CON SALSA DE SETAS

4 CHULETAS DE TERNERA DE
2 CM DE GROSOR
ACEITE DE OLIVA AL AJO O A LA
GUINDILLA
SAL Y PIMIENTA

**PARA LA SALSA DE SETAS**

300 ML DE MADEIRA
80 G DE MANTEQUILLA
2 CHALOTES PICADOS FINOS
500 G DE SETAS VARIADAS COMO
CEPS, REBOZUELOS, COLMENILLAS
Y *SHIITAKE*, LIMPIAS Y EN
LÁMINAS SI SON MUY GRANDES
CASI ½ LITRO DE CALDO VEGETAL
NUEZ MOSCADA RECIÉN RALLADA
SAL Y PIMIENTA

**PARA 4 PERSONAS**

Para preparar la salsa de setas, vierta el madeira en un cazo, déjelo hervir a fuego vivo hasta que se reduzca a la mitad y resérvelo. Derrita la mantequilla en una sartén grande a fuego medio-fuerte. Añada los chalotes y saltéelos durante 2 o 3 minutos o hasta que estén blandos, pero no dorados.

Incorpore las setas a la sartén y siga salteándolas hasta que desprendan líquido. Vierta entonces el caldo y llévelo a ebullición, removiendo. Reduzca el fuego al mínimo y deje cocer el caldo hasta que se reduzca a la mitad. Vierta el madeira reducido y siga cociendo a fuego lento hasta que queden sólo unas 6 cucharadas de líquido. Añada un poco de nuez moscada y salpimiente al gusto.

Mientras tanto, precaliente el gratinador del horno hasta que esté muy caliente. Unte las chuletas con aceite y salpimiéntelas al gusto. Póngalas en la parrilla y áselas durante 3 minutos. Deles la vuelta, úntelas de nuevo con aceite y salpimiéntelas. Continúe asándolas entre 3 y 4 minutos más o hasta que estén hechas. Páselas a platos individuales acompañadas de cucharadas de salsa de setas.

# CHULETAS CON SALSA VERDE

4 CHULETAS DE TERNERA DE 225 G
CADA UNA Y DE UNOS 2 CM
DE GROSOR
ACEITE DE OLIVA AL AJO PARA
UNTAR
SAL Y PIMIENTA

## SALSA VERDE

45 G DE HOJAS DE PEREJIL
3 FILETES DE ANCHOA EN ACEITE
DE OLIVA ESCURRIDOS
½ CUCHARADA DE ALCAPARRAS
EN CONSERVA LAVADAS Y
ESCURRIDAS
1 CHALOTE PICADO FINO
1 DIENTE DE AJO PARTIDO POR LA
MITAD, SIN EL CENTRO VERDE Y
TROCEADO
1 CUCHARADA DE ZUMO DE LIMÓN
O AL GUSTO
6 HOJAS DE ALBAHACA GRANDES
2 RAMITAS DE ORÉGANO FRESCO
120 ML DE ACEITE DE OLIVA
VIRGEN EXTRA

## PARA DECORAR

HOJAS DE ALBAHACA U
ORÉGANO FRESCOS

**PARA 4 PERSONAS**

Para preparar la salsa verde, ponga todos los ingredientes, excepto el aceite de oliva, en la batidora o en el robot de cocina y bátalos hasta que queden bien picados y mezclados.

Con el motor en marcha, añada el aceite a través del tubo de alimentación o de la parte superior y mezcle enérgicamente hasta que la salsa se haya espesado. Añádale pimienta al gusto y, a continuación, pásela a un bol, cúbrala y refrigérela.

Unte ligeramente las chuletas con aceite de oliva y salpimiéntelas. Colóquelas bajo el gratinador precalentado y áselas durante 3 minutos aproximadamente. Deles la vuelta, úntelas con más aceite y áselas otros 2 minutos hasta que, al pincharlas con la punta de un cuchillo afilado, el jugo salga claro.

Pase las chuletas a platos individuales y ponga junto a ellas unas cucharadas de salsa verde. Decórelas con orégano o albahaca y preséntelas con el resto de la salsa verde, servida por separado.

# 3 ASADOS

Los asados son mucho más fáciles de preparar de lo que muchos piensan y resultan ideales para comidas con familiares y amigos. Además de tener un aspecto impresionante, un aroma apetitoso y un sabor delicioso, hay recetas para preparar con diversos métodos de cocción y varios tipos de carnes y de cortes. En este apartado encontrará la receta ideal, tanto si prefiere un plato tradicional, como el Cerdo asado con costra (*véase* página 134), sofisticado, como el Hojaldre de buey Wellington (*véase* página 160), exótico, como el Cerdo con salsa de soja (*véase* página 146), o innovador, como el Asado de cordero con *orzo* (*véase* página 148).

# LOMO DE CERDO ASADO

1 TROZO DE LOMO DE CERDO DE
1 KG SIN LAS VÉRTEBRAS Y CON
LA CORTEZA MARCADA POR
EL CARNICERO
1 CUCHARADA DE HARINA
300 ML DE SIDRA FERMENTADA,
ZUMO DE MANZANA O CALDO DE
POLLO O DE VERDURAS

## RELLENO

1 CUCHARADA DE MANTEQUILLA
½ CEBOLLA PELADA Y
PICADA FINA
1 DIENTE DE AJO PELADO Y
PICADO FINO
1 TROZO DE JENGIBRE FRESCO DE
1 CM, PELADO Y PICADO FINO
1 PERA DESCORAZONADA
Y TROCEADA
6 HOJAS DE SALVIA FRESCA
TROCEADAS
50 G DE MIGA DE PAN BLANCO O
INTEGRAL
SAL Y PIMIENTA

## PARA ACOMPAÑAR

PATATAS ASADAS Y VERDURAS DE
TEMPORADA COCIDAS

**PARA 4 PERSONAS**

Precaliente el horno a 220 °C. Prepare el relleno calentando la mantequilla en una sartén y friendo la cebolla y el ajo a fuego medio durante 3 minutos, hasta que estén blandos. Añada el jengibre y la pera, mézclelos bien y fríalos 1 minuto más.

Retire la sartén del fuego y añada la salvia y la miga de pan, remuévalo todo y sazónelo bien.

Ponga el relleno en el centro del lomo, envuélvalo con la misma carne y átelo bien con hilo de bramante. Puede cubrir el relleno de los extremos con papel de aluminio para que no se queme.

Sale bien la corteza para que quede crujiente. Ponga la carne en una cacerola y ásela 20 minutos en el horno precalentado.

Reduzca la temperatura del horno a 180 °C y ase la carne durante una hora, hasta que la piel quede crujiente y, al pincharla con una brocheta, el jugo salga claro.

Retire el asado del horno, y pase la carne a una fuente. Cúbrala con papel de aluminio y déjela reposar en un sitio templado.

Retire casi toda la grasa del asado, dejando el jugo y los restos de la carne. Disuelva la harina en el jugo, cuézala un par de minutos, y añádale muy poco a poco la sidra, el zumo o el caldo hasta conseguir una salsa suave. Hiérvala 2 o 3 minutos hasta que se espese, aderécela bien y pásela a una salsera caliente.

Retire el hilo y la costra y trinche el asado relleno en lonchas. Sírvalo con la costra crujiente y la salsa acompañado de patatas asadas y verduras cocidas.

# PALETILLA DE CORDERO RELLENA

1 PALETILLA DE CORDERO DE
1,8 KG DESHUESADA
SAL Y PIMIENTA

### RELLENO

1 CUCHARADA DE MANTEQUILLA
1 CEBOLLA PELADA Y PICADA FINA
1 DIENTE DE AJO PELADO Y
PICADO FINO
115 G DE CARNE PICADA DE
TERNERA O CERDO
100 G DE MIGA DE PAN BLANCO O
INTEGRAL
LA RALLADURA Y EL ZUMO DE
1 LIMÓN
1 CUCHARADA DE PEREJIL PICADO
1 CUCHARADA DE ROMERO FRESCO
PICADO
1 CUCHARADA DE ACEITE
DE OLIVA
240 ML DE VINO TINTO

### PARA ACOMPAÑAR

JUDÍAS BLANCAS COCIDAS CON UN
DIENTE DE AJO MAJADO Y
1 CUCHARADA DE PEREJIL PICADO

**PARA 6-8 PERSONAS**

Precaliente el horno a 200 °C. Sazone la carne por dentro y por fuera. Para preparar el relleno, derrita la mantequilla en una sartén y fría la cebolla y el ajo unos 3 minutos o hasta que estén blandos. Páselos a un cuenco y mézclelos con la carne picada, la miga de pan, la ralladura y el zumo de limón y las hierbas.

Sazone bien la mezcla e introduzca el relleno en la paletilla con las manos.

Cosa la carne para que tome buena forma (no se preocupe por los puntos, luego se quitan; intente usar sólo un trozo de hilo).

Ponga la carne en una cacerola refractaria y úntela con el aceite. Salpimiéntela y ásela durante 1½ horas en el horno precalentado, a altura media, untándola con aceite de vez en cuando.

Retire la cacerola del horno, pase la carne a una fuente de servir precalentada. Deseche el hilo, cubra la carne con papel de aluminio y resérvela caliente.

Deseche el exceso de grasa de la cacerola y prepare una salsa con el jugo de la cocción. Para ello, añada el vino tinto, disuelva los restos del fondo de la cacerola, y deje hervir el líquido a fuego vivo 2 o 3 minutos, hasta que se haya reducido. A continuación, vierta la salsa en una salsera. Sirva el cordero en lonchas gruesas acompañado de judías, que sólo deben calentarse con un ajo majado y una cucharada de perejil picado.

# ASADO DE CERDO

1 LOMO DE CERDO DE 1,6 KG
DESHUESADO Y PREPARADO
COMO REDONDO

4 DIENTES DE AJO EN LÁMINAS
FINAS

1½ CUCHARADITAS DE HOJAS DE
HINOJO FRESCO PICADO FINO O
½ CUCHARADITA DE HINOJO SECO

4 CLAVOS

SAL Y PIMIENTA

300 ML DE VINO BLANCO SECO

300 ML DE AGUA

**PARA 6 PERSONAS**

Con la punta de un cuchillo pequeño y afilado, haga unas incisiones pequeñas y profundas por toda la superficie de la carne, abriéndolas un poco para que queden pequeños huecos. Ponga las láminas de ajo en un colador pequeño y aclárelas bajo el chorro de agua fría para humedecerlas. En un plato, esparza el hinojo y reboce en él el ajo. A continuación, introduzca el ajo rebozado y los clavos en los huecos abiertos en la carne. Salpimiente toda la superficie de la carne.

Colóquela en una cacerola o fuente refractaria grande y vierta el vino y el agua. Ase la carne en el horno precalentado a 150 °C entre 2½ y 2¾ horas, untándola con frecuencia, hasta que el cerdo esté tierno pero no seco.

Si prefiere servir la carne caliente, pásela a una tabla de trinchar y córtela en rodajas. Si va a servirla fría, déjela enfriar del todo en el jugo de la cocción antes de cortarla.

# SOLOMILLO DE CERDO RELLENO

2 SOLOMILLOS DE CERDO DE UNOS
500 G CADA UNO, SIN GRASA

**RELLENO**

2 CEBOLLAS ROJAS PICADAS
FINAS

100 G DE MIGA DE PAN
INTEGRAL FRESCO

85 G DE CIRUELAS PASAS
TROCEADAS

85 G DE OREJONES DE
ALBARICOQUE TROCEADOS

1 PIZCA DE NUEZ MOSCADA

1 PIZCA DE CANELA

SAL Y PIMIENTA

LA CLARA DE 1 HUEVO
LIGERAMENTE BATIDA

**PARA 8 PERSONAS**

Precaliente el horno a 200 °C. Para preparar el relleno, mezcle la cebolla, la miga de pan, las ciruelas y los orejones, sazone la mezcla al gusto con canela, nuez moscada, sal y pimienta, y añádale la clara de huevo.

Corte un trozo de 13 cm del extremo más delgado de cada solomillo y, a continuación, corte todos los trozos casi completamente por la mitad a lo largo y ábralos. Extienda uniformemente la mitad del relleno sobre uno de los trozos largos y cúbralo con los dos trozos más pequeños, solapando un poco los extremos más finos. Extienda el resto del relleno por encima y tápelo con el trozo de carne que queda. Ate la carne con hilo de bramante formando una espiral a lo largo. Envuélvala firmemente con papel de aluminio y colóquela en una cacerola refractaria.

Ase la carne en el horno precalentado durante 1½ horas. Si prefiere servirla caliente, déjela reposar durante 10 minutos antes de desenvolverla, cortar el hilo y trincharla. Si va a servirla fría, déjela enfriar en el envoltorio y, a continuación, póngala en el frigorífico un mínimo de 2 horas y hasta 6 horas antes de desenvolverla y trincharla.

# CHA SIU

1 LOMO DE CERDO DE 675 G

3 CUCHARADAS DE MIEL
DISUELTAS EN 1 CUCHARADA DE
AGUA HIRVIENDO

**PARA LA MARINADA**

1 CUCHARADA DE PASTA DE SOJA
AMARILLA LIGERAMENTE MAJADA

1 CUCHARADA DE TOFU ROJO
FERMENTADO

1 CUCHARADA DE SALSA *HOISIN*

1 CUCHARADA DE SALSA
DE OSTRAS

1 CUCHARADA DE SALSA DE SOJA
OSCURA

1 CUCHARADA DE AZÚCAR

2 CUCHARADAS DE VINO DE ARROZ

1 CUCHARADITA DE ACEITE DE
SÉSAMO

**PARA 4-6 PERSONAS**

Mezcle todos los ingredientes de la marinada. Corte el lomo a lo largo en dos trozos, póngalos en una fuente y vierta la marinada por encima, cubra la carne y déjela marinar por lo menos 2 horas.

Precaliente el horno a 200 °C. Sobre una rejilla metálica, disponga los trozos de carne y reserve la marinada. Coloque la parrilla sobre una bandeja con agua hirviendo y ase la carne durante 15 minutos; compruebe que siempre quede algo de agua en la bandeja.

Reduzca la temperatura del horno a 180 °C, dele la vuelta a la carne y úntela con la marinada. Ásela unos 10 minutos más.

Retire la carne del horno y precaliente el gratinador. Unte la carne con la miel y ásela bajo el gratinador unos minutos, dándole la vuelta una vez. Déjela enfriar antes de servirla cortada en tacos, lonchas finas o daditos.

# CERDO RELLENO
## CON JAMÓN

1 SOLOMILLO DE CERDO DE 500 G

1 PUÑADO PEQUEÑO DE HOJAS DE
ALBAHACA FRESCA LIMPIAS

2 CUCHARADAS DE PARMESANO
RECIÉN RALLADO

2 CUCHARADAS DE PASTA DE
TOMATES SECADOS AL SOL

6 LONCHAS FINAS DE JAMÓN
CURADO

1 CUCHARADA DE ACEITE
DE OLIVA

SAL Y PIMIENTA

**TAPENADE**

125 G DE ACEITUNAS NEGRAS
DESHUESADAS

4 CUCHARADAS DE ACEITE
DE OLIVA

2 DIENTES DE AJO

**PARA ACOMPAÑAR**

ENSALADA

**PARA 4 PERSONAS**

Retire el exceso de grasa y la membrana que pueda tener el solomillo de cerdo. Corte la carne a lo largo hasta la mitad, con cuidado de no llegar a separarla completamente.

Abra la carne y sazónela por dentro. Disponga hojas de albahaca en el centro, mezcle el queso y la pasta de tomate, y distribuya la mezcla sobre la albahaca.

Vuelva a juntar la carne y envuélvala con el jamón, solapando las lonchas para que quede bien cubierta. Colóquela sobre una rejilla en una bandeja refractaria, con los extremos del jamón hacia abajo, y úntela con aceite. Ásela a 190 °C en el horno precalentado durante 30 o 40 minutos, según el grosor, hasta que esté asada por dentro. Déjela reposar unos 10 minutos.

Para preparar la *tapenade*, ponga todos los ingredientes en la batidora o en el robot de cocina y tritúrelos hasta conseguir una mezcla homogénea. Si prefiere una pasta algo más gruesa, pique finas las aceitunas y el ajo con un cuchillo, y mézclelos con el aceite.

Una vez asada la carne, escúrrala y córtela en lonchas finas. Sírvala con la *tapenade* y ensalada.

# CERDO ASADO
## CON COSTRA

1 TROZO DE LOMO DE CERDO DE
1 KG DESHUESADO; RETIRE LA
CORTEZA Y RESÉRVELA
2 CUCHARADAS DE MOSTAZA
SAL Y PIMIENTA

### SALSA

1 CUCHARADA DE HARINA
300 ML DE SIDRA, ZUMO DE
MANZANA O CALDO DE POLLO

### SALSA DE MANZANA

450 G DE MANZANAS PARA ASAR
3 CUCHARADAS DE AGUA
1 CUCHARADA DE AZÚCAR
EXTRAFINO
½ CUCHARADITA DE CANELA
MOLIDA (OPCIONAL)
1 CUCHARADA DE MANTEQUILLA
(OPCIONAL)

**PARA 4 PERSONAS**

Precaliente el horno a 200 °C.

Con un cuchillo afilado, marque la corteza de cerdo y sálela bien. Póngala en una rejilla forrada con papel vegetal y hornéela de 30 a 40 minutos hasta que se dore y quede crujiente. Si la prepara con antelación, puede asar patatas al mismo tiempo.

Salpimiente generosamente la carne, y unte la grasa con la mostaza. Colóquela en una cacerola y ásela durante 20 minutos en la parte central del horno. Reduzca la temperatura del horno a 190 °C y ásela entre 50 y 60 minutos más, hasta que adquiera un color bonito y, al pincharla con una brocheta, el jugo salga claro.

Retire la carne del horno y pásela a una fuente precalentada, cúbrala con papel de aluminio y déjela reposar en un lugar caliente.

Para preparar la salsa, retire el exceso de grasa del jugo de la cocción. Ponga la cacerola a fuego lento, espolvoree en ella la harina y remuévala bien. Cueza la mezcla durante un par de minutos y añada gradualmente la sidra hasta obtener una salsa suave. A continuación, hágala hervir 2 o 3 minutos hasta que se espese, salpimiéntela bien y viértala en una salsera precalentada.

Corte la carne en rodajas y sírvala con trozos de corteza y la salsa.

Para preparar la salsa de manzana, pele, descorazone y corte las manzanas en rodajas. Páselas a un cazo mediano, añada el agua y el azúcar, y cuézalas 10 minutos. Si lo prefiere, puede añadirle la canela y la mantequilla. Remueva la mezcla hasta que la salsa se espese (si la prefiere muy fina, tritúrela), y sírvala junto a la carne.

# VITELLO TONNATO

1 TROZO DE MORCILLO DE
TERNERA DE UNOS 900 G
DESHUESADO Y PREPARADO COMO
REDONDO
ACEITE DE OLIVA
SAL Y PIMIENTA

**MAYONESA DE ATÚN**

150 G DE ATÚN EN ACEITE
DE OLIVA
2 HUEVOS GRANDES
UNAS 3 CUCHARADAS DE ZUMO DE
LIMÓN
ACEITE DE OLIVA

8 ACEITUNAS NEGRAS
DESHUESADAS Y PARTIDAS POR LA
MITAD
1 CUCHARADA DE ALCAPARRAS EN
CONSERVA, LAVADAS Y
ESCURRIDAS
PEREJIL PICADO

**PARA DECORAR**
GAJOS DE LIMÓN

**PARA 6-8 PERSONAS**

Unte la carne con aceite y pimienta y colóquela en una cacerola refractaria. Si no tiene grasa, cubra la cacerola con papel de aluminio y ásela 10 minutos a 230 °C en el horno precalentado. Baje la temperatura a 175 °C y siga asando la carne 1 hora si la prefiere al punto o 1¼ horas si la desea bien asada. Déjela reposar hasta que se enfríe por completo y reserve el jugo de la cocción.

Mientras tanto, escurra el atún y reserve el aceite. En la batidora, bata los huevos con 1 cucharadita de zumo de limón y una pizca de sal. Añada aceite de oliva al aceite del atún que ha reservado en cantidad suficiente como para obtener 300 ml.

Con la batidora en marcha, añada el aceite a los huevos, gota a gota, hasta que se forme una mayonesa ligera. Añada el atún y bata la mezcla hasta que quede homogénea. Vierta zumo de limón al gusto y rectifique la sal.

Una vez fría, corte la carne muy fina. Añada el jugo que desprenda a los que ha reservado en la cacerola. De forma gradual, vierta el jugo de ternera a la mayonesa de atún, removiendo hasta que adquiera una consistencia fina y líquida.

En una fuente, ponga capas alternas de rodajas de ternera y mayonesa de atún; termine con una capa de mayonesa. Cubra la fuente y refrigere la carne toda la noche. Decórela con aceitunas negras, alcaparras y un poco de perejil picado. Disponga gajos de limón en el borde de la fuente y sirva la carne.

# CORDERO ASADO CON AJO Y ROMERO

1 PIERNA DE CORDERO DE 1,5 KG

6 DIENTES DE AJO EN LÁMINAS FINAS

8 RAMITAS DE ROMERO

SAL Y PIMIENTA

4 CUCHARADAS DE ACEITE DE OLIVA

**GLASEADO**

4 CUCHARADAS DE MERMELADA DE GROSELLA ROJA

300 ML DE VINO ROSADO

**PARA 6 PERSONAS**

Precaliente el horno a 200 °C. Con la punta de un cuchillo pequeño, realice pequeños cortes profundos por toda la superficie de la pierna de cordero e inserte en ellos 1 o 2 láminas de ajo y 4 o 5 agujas de romero. Coloque el resto del romero en el fondo de una cacerola refractaria. Salpimiente la carne al gusto y póngala en la cacerola. Vierta el aceite por encima, cúbrala con papel de aluminio y ásela durante 1 hora y 20 minutos.

Mezcle la mermelada de grosella roja y el vino en un cazo pequeño. Caliente la mezcla a fuego lento, removiendo sin cesar, hasta que quede homogénea. Llévela a ebullición, baje el fuego y redúzcala. Saque el cordero del horno y vierta por encima el glaseado. Vuelva a introducir la carne en el horno y áselo destapado otros 10 minutos, según el grado de cocción que desee.

Retire la carne de la cacerola, cúbrala bien con papel de aluminio y déjela reposar 15 minutos antes de trincharla y servirla.

# JAMÓN ASADO CON SALSA CUMBERLAND

UNOS 2 KG DE JAMÓN CURADO
DESHUESADO

2 HOJAS DE LAUREL

1-2 CEBOLLAS EN CUARTOS

2 ZANAHORIAS EN RODAJAS
GRUESAS

6 CLAVOS

### GLASEADO

1 CUCHARADA DE MERMELADA DE
GROSELLA ROJA

1 CUCHARADA DE MOSTAZA EN
GRANO

### SALSA CUMBERLAND

1 NARANJA

3 CUCHARADAS DE MERMELADA
DE GROSELLA ROJA

2 CUCHARADAS DE ZUMO DE LIMA
O LIMÓN

2 CUCHARADAS DE ZUMO DE
NARANJA

2-4 CUCHARADAS DE OPORTO

1 CUCHARADA DE MOSTAZA EN
GRANO

### PARA DECORAR

ENSALADA VERDE

MEDIAS RODAJAS DE NARANJA

**PARA 4-6 PERSONAS**

Coloque el jamón en una cacerola grande. Añada el laurel, la cebolla, la zanahoria y el clavo, y cúbralo todo con agua fría. Llévelo a ebullición a fuego lento, tape la cacerola y deje cocer los ingredientes durante la mitad del tiempo de cocción. Para calcular el tiempo de cocción, cuente 30 minutos por cada 500 g y 30 minutos adicionales.

Precaliente el horno a 180 °C. Escurra la carne y quítele la piel. A continuación, póngala en una cacerola refractaria y haga unas incisiones sobre la grasa. Para preparar el glaseado, mezcle los ingredientes y distribúyalos por encima de la grasa. Ase la carne en el horno el resto del tiempo de cocción. Úntela por lo menos una vez.

Para preparar la salsa, monde la mitad de la naranja y corte la piel en tiras. Escáldela en agua hirviendo 3 minutos y escúrrala.

Ponga el resto de los ingredientes de la salsa en un cazo pequeño y caliéntelos a fuego lento, removiendo de vez en cuando, hasta que se disuelva la mermelada. Añada las tiras de naranja y déjelo cocer todo a fuego lento 3 o 4 minutos más.

Corte el jamón en lonchas y colóquelo en una fuente para servir precalentada. Acompáñelo de ensalada verde y medias rodajas de naranja, y sírvalo con la salsa Cumberland.

# PIERNA DE CORDERO
## BRASEADA

1 CUCHARADITA DE SEMILLAS DE
CILANTRO

1 CUCHARADITA DE SEMILLAS
DE COMINO

1 CUCHARADITA DE CANELA
MOLIDA

1 GUINDILLA VERDE
DESPEPITADA Y PICADA FINA

1 CABEZA DE AJOS SEPARADA EN
DIENTES, PELADOS

120 ML DE ACEITE DE CACAHUETE
O DE MAÍZ

LA RALLADURA DE 1 LIMA

4 GARRONES DE CORDERO

2 CEBOLLAS PICADAS

2 ZANAHORIAS PICADAS

2 RAMAS DE APIO PICADAS

½ LIMA PEQUEÑA PICADA

UNOS 720 ML DE CALDO DE CARNE
O AGUA

1 CUCHARADITA DE PASTA DE
TOMATES SECADOS AL SOL

2 RAMITAS DE ROMERO

SAL Y PIMIENTA

**PARA DECORAR**

2 RAMITAS DE MENTA

**PARA 4 PERSONAS**

Tueste en seco las semillas en una sartén hasta que comiencen a desprender aromas. En un mortero, mezcle las semillas con la canela, la guindilla y 2 dientes de ajo, y májelos. Vierta en la mezcla la mitad del aceite y la ralladura de lima. Con la mezcla resultante, unte el cordero, cúbralo y déjelo adobar en el frigorífico durante unas 4 horas.

Precaliente el horno a 200 °C y caliente el resto del aceite en una sartén. Dore el cordero y páselo a una cacerola refractaria. A continuación, pique el resto del ajo, añádalo a la cacerola con la cebolla, la zanahoria, el apio, la lima y el caldo o el agua para cubrir todos los ingredientes. Agregue la pasta de tomate y el romero, y salpimiéntelo todo al gusto.

Tape la cacerola y ase la carne en el horno. Transcurridos unos 30 minutos, reduzca la temperatura a 160 °C y ásela durante 3 horas más, hasta que esté muy tierna.

Pase el cordero a una fuente y resérvelo caliente. Vierta el jugo de la cocción colado en una cacerola y déjelo hervir hasta que se reduzca. Vierta la salsa obtenida sobre el cordero, decórelo con menta y sírvalo enseguida.

# PIERNA DE CORDERO RUSTIDA

1 PIERNA DE CORDERO DE 1,75 KG

3-4 RAMITAS DE ROMERO

125 G DE PANCETA AHUMADA EN
LONCHAS

4 CUCHARADAS DE ACEITE DE
OLIVA

2-3 DIENTES DE AJO MAJADOS

2 CEBOLLAS EN RODAJAS

2 ZANAHORIAS EN RODAJAS

2 RAMAS DE APIO EN RODAJAS

240 ML DE VINO BLANCO SECO

1 CUCHARADA DE CONCENTRADO
DE TOMATE

240 ML DE CALDO

350 G DE TOMATES PELADOS,
DESPEPITADOS Y EN CUARTOS

1 CUCHARADA DE PEREJIL PICADO

1 CUCHARADA DE MEJORANA U
ORÉGANO FRESCO PICADO

SAL Y PIMIENTA

## PARA DECORAR

RAMITAS DE ROMERO

**PARA 4 PERSONAS**

Limpie toda la superficie de la pierna retirando el exceso de grasa y salpimiéntela generosamente, frotando bien la carne. Ponga las ramitas de romero por encima, cúbralas con las lonchas de panceta y asegure ambos ingredientes con hilo de bramante.

Caliente el aceite en una sartén y fría el cordero 10 minutos o hasta que esté tostado, dándole la vuelta varias veces. Retírelo de la sartén.

Pase el aceite de la sartén a una cacerola refractaria y fría en él el ajo y la cebolla durante 3 o 4 minutos, hasta que comiencen a dorarse. Añada la zanahoria y el apio, y siga rehogándolos algunos minutos más.

Disponga el cordero encima de las verduras y presiónelo para que quede medio hundido en ellas. Incorpore el vino y la pasta de tomate por encima y deje cocer la carne a fuego lento durante 3 o 4 minutos. Añada el caldo, el tomate, las hierbas, sal y pimienta, y llévelo todo de nuevo a ebullición durante 3 o 4 minutos más.

Tape bien la cacerola y ase la carne en el horno a una temperatura de 180 °C durante 2 o 2½ horas, hasta que esté muy tierna.

Retire el cordero de la cacerola y, si lo prefiere, retire la panceta ahumada y las hierbas junto con el hilo; resérvelo caliente. Cuele el jugo, retire el exceso de grasa y sírvalo en una salsera. Las verduras pueden colocarse al lado de la carne o en una fuente aparte. Decore el plato con ramitas de romero.

# CERDO CON SALSA
## DE SOJA

1 SOLOMILLO DE CERDO MAGRO
DE 450 G

6 CUCHARADAS DE SALSA DE SOJA
OSCURA

2 CUCHARADAS DE JEREZ SECO

1 CUCHARADITA DE CINCO
ESPECIAS MOLIDAS

2 DIENTES DE AJO MAJADOS

1 TROZO DE JENGIBRE DE 2,5 CM,
PICADO FINO

1 PIMIENTO ROJO GRANDE

1 PIMIENTO AMARILLO GRANDE

1 PIMIENTO NARANJA GRANDE

4 CUCHARADAS DE AZÚCAR
EXTRAFINO

2 CUCHARADITAS DE VINAGRE DE
VINO TINTO

**PARA DECORAR**

CEBOLLETAS CORTADAS EN
JULIANA

CEBOLLINO TROCEADO

**PARA 4 PERSONAS**

Retire el exceso de grasa y la membrana que pueda tener la carne y póngala en una fuente llana.

Mezcle la salsa de soja, el jerez, las especias, el ajo y el jengibre. Vierta la mezcla a cucharadas sobre la carne, tápela y déjela marinar en el frigorífico por lo menos 1 hora o hasta que la necesite.

Precaliente el horno a 190 °C. A continuación, escurra la carne y reserve la marinada.

Coloque el solomillo en una rejilla sobre una cacerola refractaria y áselo en el horno, untándolo de vez en cuando con la marinada, durante 1 hora o hasta que esté asado por dentro.

Mientras tanto, parta los pimientos por la mitad y despepítelos. Corte todas las mitades en 3 trozos iguales. Dispóngalos en una fuente refractaria y áselos junto con la carne durante los últimos 30 minutos del tiempo total de cocción.

Ponga el azúcar y el vinagre en un cazo, y caliéntelos hasta que el azúcar se disuelva. Lleve la mezcla a ebullición y déjela cocer durante 3 o 4 minutos, hasta que adquiera consistencia de jarabe.

Cuando la carne esté asada, retírela del horno y úntela con el jarabe. Déjela reposar unos 5 minutos, córtela en rodajas y páselas a una fuente de servir con los pimientos.

Sirva el solomillo decorado con cebolleta y cebollino.

# ASADO DE CORDERO CON ORZO

2 DIENTES DE AJO GRANDES
1 PALETILLA DE CORDERO
800 G DE TOMATE TRITURADO
DE LATA
4 RAMITAS DE TOMILLO
4 RAMITAS DE PEREJIL
1 HOJA DE LAUREL
120 ML DE AGUA
250 G DE PASTA *ORZO*
SAL Y PIMIENTA

**PARA ACOMPAÑAR**

RAMITAS DE TOMILLO

**PARA 6 PERSONAS**

Parta los ajos por la mitad, retire el centro verde y córtelos en rodajitas. Con la punta de un cuchillo afilado, haga pequeñas incisiones por toda la paletilla e introduzca en ellas el ajo.

Vierta los tomates y su jugo en una cacerola refractaria lo suficientemente grande como para que quepa la paletilla. Añada las hierbas. Ponga la carne encima con la piel hacia arriba y cubra bien la cacerola con papel de aluminio (con la cara más brillante hacia abajo). Con el aluminio, selle el borde de la cacerola para que no se escapen los aromas durante la cocción.

Ponga la cacerola en el horno precalentado a 160 °C y ase la carne entre 3½ y 4 horas, hasta que el cordero esté tierno y el tomate se haya reducido a una salsa espesa.

Retire el cordero de la cacerola y resérvelo. Con un cucharón, retire el máximo de grasa posible de la superficie de la salsa.

Incorpore el agua y el *orzo* a la salsa de tomate, removiendo para que la pasta quede sumergida. Añada un poco más de agua si la salsa quedase muy espesa. Salpimiente la carne y vuelva a colocarla en la cacerola.

Cubra de nuevo la cacerola y vuelva a meterla en el horno 15 minutos o hasta que la pasta esté al dente. Retire el laurel, deje reposar la paletilla 10 minutos y, a continuación, trínchela y sírvala con el *orzo* con salsa de tomate y decorada con tomillo.

# CERDO ROJO ASADO

1 SOLOMILLO DE CERDO DE 600 G

**PARA 4 PERSONAS**

### MARINADA

2 DIENTES DE AJO MAJADOS

1 CUCHARADA DE JENGIBRE
FRESCO RALLADO

1 CUCHARADA DE SALSA DE SOJA
CLARA

1 CUCHARADA DE SALSA DE
PESCADO TAILANDESA

1 CUCHARADA DE VINO DE ARROZ

1 CUCHARADA DE SALSA *HOISIN*

1 CUCHARADA DE ACEITE DE
SÉSAMO

1 CUCHARADA DE AZÚCAR DE
PALMA O AZÚCAR MORENO

½ CUCHARADITA DE MEZCLA DE
CINCO ESPECIAS CHINAS MOLIDAS

UNAS GOTAS DE COLORANTE
ALIMENTARIO ROJO

### PARA DECORAR

1 GUINDILLA ROJA EN BORLA

### PARA ACOMPAÑAR

COL NAPA O NORMAL EN TIRAS

Mezcle todos los ingredientes de la marinada y unte bien la carne con la mezcla, dándole la vuelta para que se impregne uniformemente. Colóquela en una fuente, cúbrala y déjela marinar en el frigorífico toda la noche.

Sobre una cacerola refractaria llena de agua caliente hasta la mitad, coloque una parrilla y ponga en ella la carne escurrida; reserve la marinada para más adelante.

Ase la carne en el horno precalentado a 220 °C durante unos 20 minutos. Úntela con la marinada que ha reservado, reduzca el fuego a 180 °C y siga asando la carne entre 35 y 40 minutos más, untándola de vez en cuando con la marinada, hasta que el solomillo adquiera un color marrón rojizo y esté asado por dentro.

Páselo a una tabla de trinchar y córtelo en rodajas iguales. Disponga las rodajas en una fuente de servir, sobre un lecho de col, decore la carne con una guindilla en borla y sírvala enseguida.

# SAUERBRATEN

1 TROZO DE REDONDO DE TERNERA
DE 750 G, SIN GRASA

8 CLAVOS

1 CUCHARADA DE ACEITE
DE OLIVA

240 ML DE CALDO DE CARNE

1 KG DE HORTALIZAS VARIADAS
(ZANAHORIAS, PATATAS, NABOS,
ETC.) PELADAS Y EN TROZOS
GRANDES

2 CUCHARADAS DE PASAS

1½ CUCHARADITAS DE HARINA
DE MAÍZ

3 CUCHARADAS DE AGUA

SAL Y PIMIENTA

## MARINADA

180 ML DE VINO

5 CUCHARADAS DE VINAGRE DE
VINO TINTO

1 CEBOLLA PICADA

1½ CUCHARADITAS DE AZÚCAR
MORENO

4 GRANOS DE PIMIENTA

1 HOJA DE LAUREL

½ CUCHARADITA DE PIMIENTA
INGLESA MOLIDA

½ CUCHARADITA DE MOSTAZA

**PARA 4 PERSONAS**

Para preparar la marinada, ponga todos los ingredientes en una sartén, excepto la mostaza. Cuando esté a punto de hervir, retírelo del fuego, añada la mostaza y remueva. Pinche los clavos de especia en la carne y colóquela en una fuente que no sea metálica. Vierta encima la marinada, cubra la carne y déjela enfriar antes de refrigerarla durante 2 días. Aproximadamente 1 hora antes de asarla, retire la carne, escúrrala y déjela reposar a temperatura ambiente. Reserve la marinada.

Precaliente el horno a 150 °C. En una cacerola refractaria, caliente el aceite y fría en él la carne a fuego medio entre 5 y 10 minutos o hasta dorarla. Vierta la marinada en la cacerola filtrándola por un colador, agregue el caldo y llévelo todo a ebullición. Tape la cacerola y ase la carne al horno durante 1 hora, dándole la vuelta y untándola con frecuencia con el jugo de la cocción.

Mientras tanto, blanquee las hortalizas en agua hirviendo durante 3 minutos y escúrralas. Póngalas alrededor de la carne, vuelva a poner la carne en el horno y ásela durante 1 hora o hasta que esté muy tierna y las hortalizas se hayan asado.

Pase ambos ingredientes a una fuente de servir. Ponga la cacerola a cocer a fuego lento y añada las pasas. Disuelva la harina de maíz en el agua hasta obtener una mezcla homogénea y viértala en el jugo de la cocción. Llévelo todo a ebullición, removiendo, y déjelo cocer a fuego lento durante 2 o 3 minutos. Salpiméntelo y sírvalo en una salsera junto con la carne y las hortalizas.

# JAMÓN ASADO

1 PIERNA DE CERDO DE 1,3 KG
DESHUESADA

2 CUCHARADAS DE MOSTAZA DE
DIJON

75 G DE AZÚCAR SIN REFINAR

½ CUCHARADITA DE
CANELA MOLIDA

½ CUCHARADITA DE JENGIBRE
MOLIDO

18 CLAVOS

**SALSA DE CUMBERLAND**

2 NARANJAS PARTIDAS POR LA
MITAD

4 CUCHARADAS DE MERMELADA
DE GROSELLA ROJA

4 CUCHARADAS DE OPORTO

1 CUCHARADITA DE MOSTAZA

SAL Y PIMIENTA

**PARA 6 PERSONAS**

Ponga la carne en una cacerola grande, cúbrala con agua fría y llévela a ebullición gradualmente a fuego lento. Tape la cacerola y deje cocer la carne a fuego muy lento durante 1 hora.

Precaliente el horno a 200 °C.

Saque el jamón de la cacerola y escúrralo. Quítele la piel y deséchela. Con un cuchillo afilado, marque la grasa formando cuadrícula de rombos y úntela con la mostaza. Mezcle el azúcar y las especias molidas en una fuente y reboce el jamón en la mezcla, presionándolo contra la fuente para cubrirlo bien.

Pinche los clavos en los rombos y ponga el jamón en una cacerola refractaria. Áselo al horno durante unos 20 minutos, hasta que el glaseado adquiera un color dorado oscuro.

Si desea servir el jamón caliente, cúbralo con papel de aluminio y déjelo reposar 20 minutos antes de trincharlo. Si prefiere servirlo frío, puede cocinarlo con un día de antelación.

Para preparar la salsa Cumberland, ralle la piel de las naranjas. Ponga la mermelada, el oporto y la mostaza en un cazo, y caliéntelo todo a fuego lento hasta que la mermelada se haya disuelto. Exprima las naranjas y vierta el zumo en el cazo. Agregue la ralladura y salpimiente la salsa. Sírvala fría con el jamón. Si se guarda en un tarro hermético, se conservará hasta 2 semanas en el frigorífico.

# CORDERO ASADO CON ROMERO

1 PIERNA DE CORDERO DE 1,8 KG

2 DIENTES DE AJO EN LÁMINAS
FINAS

2 CUCHARADAS DE AGUJAS DE
ROMERO

8 CUCHARADAS DE ACEITE
DE OLIVA

SAL Y PIMIENTA

900 G DE PATATAS EN DADOS
DE 2,5 CM

6 HOJAS DE SALVIA FRESCA
TROCEADAS

160 ML DE MARSALA

**PARA 6 PERSONAS**

Con un cuchillo afilado, haga unas incisiones por toda la superficie de la carne y ábralas un poco para que queden huecas. Inserte en ellas las láminas de ajo y la mitad del romero.

Ponga el cordero en una cacerola refractaria y vierta sobre él la mitad del aceite de oliva a cucharadas. Ase la carne en el horno precalentado a 220 °C durante 15 minutos.

Reduzca la temperatura del horno a 175 °C, retire la carne y salpiméntela. Dele la vuelta, métala de nuevo en el horno y ásela durante 1 hora más.

Mientras tanto, esparza los dados de patata en una segunda cacerola, vierta sobre ellos el resto del aceite de oliva y agite la cacerola para que se impregnen bien. Esparza el resto del romero y la salvia. Ponga las patatas en el horno con el cordero y áselo todo durante 40 minutos.

Retire la carne del horno, dele la vuelta y vierta encima el marsala. Vuelva a colocarla con las patatas y ásela 15 minutos más.

Pase el cordero a una tabla de cortar y cúbralo con papel de aluminio. Ponga la cacerola a fuego vivo y lleve el jugo a ebullición. Hiérvalo hasta que se haya espesado y presente una textura similar a un jarabe. Páselo a una salsera.

Corte la carne en lonchas, y sírvala con las patatas y la salsa.

# CERDO RELLENO CON
## PANCETA

1 LOMO DE CERDO DE 1 KG SIN LAS
VÉRTEBRAS Y CON LA CORTEZA
MARCADA

2 CUCHARADAS DE MIEL

### RELLENO

6 CUCHARADAS DE MANTEQUILLA

1 DIENTE DE AJO PICADO

2 CHALOTES PICADOS

60 G DE CHAMPIÑONES PICADOS

4 LONCHAS DE PANCETA AHUMADA
MAGRA, PICADA

90 G DE MIGA DE PAN

1 CUCHARADA DE SALVIA FRESCA
PICADA FINA

1 CUCHARADA DE ZUMO DE LIMÓN

1 CUCHARADA DE RALLADURA DE
LIMÓN

SAL Y PIMIENTA

### PARA DECORAR

RAMITAS DE SALVIA FRESCA

### PARA ACOMPAÑAR

PATATAS ASADAS

**PARA 4 PERSONAS**

Precaliente el horno 230 °C. Para preparar el relleno, derrita
la mantequilla en una sartén a fuego medio. Añada el ajo y el
chalote y fríalos, removiendo, durante 3 minutos o hasta que
estén blandos. Añada los champiñones y la panceta y rehóguelos
otros 2 minutos. Retire la sartén del fuego y añada la miga de
pan, la salvia, el zumo y la ralladura de limón, y salpimiente
la mezcla al gusto.

Ponga el relleno en el centro del lomo, enróllelo y asegúrelo
con varias vueltas de hilo de bramante. Ponga la carne en una
cacerola refractaria y, a continuación, frote la piel con abundante
sal y sazónela con pimienta. Unte la carne con la miel.

Ase el lomo en el horno precalentado durante 25 minutos y
luego reduzca la temperatura a 180 °C. Áselo, untándolo de vez
en cuando con la salsa, durante 1¼ horas o hasta que esté asado
por dentro. Retírelo del horno y déjelo reposar unos 15 minutos.
Decórelo con salvia y sírvalo con patatas asadas.

# HOJALDRE DE BUEY
## WELLINGTON

1 SOLOMILLO DE BUEY GRUESO DE
750 G
2 CUCHARADAS DE MANTEQUILLA
SAL Y PIMIENTA
2 CUCHARADAS DE ACEITE
VEGETAL
1 DIENTE DE AJO PICADO
1 CEBOLLA PICADA
175 G DE SETAS *CRIMINI*
1 CUCHARADA DE SALVIA FRESCA
PICADA
SAL Y PIMIENTA
350 G DE MASA DE HOJALDRE
DESCONGELADA
1 HUEVO BATIDO

**PARA DECORAR**

SALVIA FRESCA PICADA

**PARA 4 PERSONAS**

Precaliente el horno a 220 °C. Ponga la carne en una cacerola refractaria, úntela con la mantequilla y salpimiéntela. Ásela durante 30 minutos y, a continuación, retírela del horno. Mientras tanto, caliente el aceite en una sartén a fuego medio. Añada el ajo y la cebolla y fríalos, removiendo de vez en cuando, durante 3 minutos. Agregue las setas, la salvia, sal y pimienta, y rehóguelo todo durante 5 minutos. Retire la sartén del fuego.

Estire la masa con un rodillo para formar un rectángulo lo suficientemente grande como para envolver la carne. A continuación, disponga el solomillo en el centro y esparza la mezcla de setas por encima. Junte los lados largos de la masa encima del solomillo y séllelos con huevo batido. Repliegue los laterales (recorte el exceso de masa) y séllelos. Ponga el solomillo envuelto en una bandeja de horno con el lado sellado hacia abajo. Realice dos cortes en la parte superior, decore la masa con formas variadas y píntela con el huevo batido. Hornee el solomillo durante 40 minutos. Si se tuesta demasiado rápido, cúbralo con papel de aluminio. Retírelo del horno y decórelo con salvia.

# ASADO DE CORDERO
## A LA SIDRA

2 CUCHARADAS DE ACEITE AL
LIMÓN O ACEITE DE OLIVA VIRGEN
EXTRA

1 PIERNA DE CORDERO DE 2,25 KG

1 DIENTE DE AJO PICADO

1 CUCHARADA DE ORÉGANO
PICADO

EL ZUMO DE 1 LIMÓN

3 CUCHARADAS DE SIROPE
DE ARCE

SAL Y PIMIENTA

720 ML DE SIDRA FERMENTADA

1 CUCHARADA DE HARINA
DE MAÍZ

2 CUCHARADAS DE AGUA

**PARA DECORAR**

RAMITAS DE ORÉGANO FRESCO

**PARA ACOMPAÑAR**

PATATAS ASADAS

**PARA 4 PERSONAS**

Precaliente el horno a 200 °C y vierta el aceite en una cacerola. Con un cuchillo afilado, recorte el exceso de grasa del cordero y deséchela, y realice cortes por toda la superficie. A continuación, pase la carne a la cacerola. En un bol, ponga el ajo, el orégano, el zumo de limón, el sirope de arce y sal y pimienta al gusto. Mezcle bien todos los ingredientes y vierta la mezcla sobre el cordero de manera uniforme, procurando que penetre en los cortes que ha practicado y, a continuación, vierta por encima la sidra.

Ponga la cacerola en el horno precalentado y ase la carne durante 30 minutos, dándole la vuelta una vez y untándola de salsa de vez en cuando. Reduzca la temperatura del horno a 150 °C y ase la carne 2¾ horas más o hasta que esté tierna y bien asada. Retire la carne, pásela a una fuente de servir y déjela reposar durante unos 10 minutos. Disuelva la harina en el agua y añada la mezcla obtenida al jugo de la cacerola. Póngalo al fuego y caliéntelo, removiendo sin cesar, hasta que se espese. Decore el cordero con ramitas de orégano y sírvalo acompañado de patatas asadas y el jugo espesado.

# CORDERO CON CEBOLLAS

4 GARRONES DE CORDERO DE UNOS
300 G CADA UNO
6 DIENTES DE AJO
2 CUCHARADAS DE ACEITE DE
OLIVA VIRGEN EXTRA
1 CUCHARADA DE ROMERO FRESCO
PICADO MUY FINO
PIMIENTA
4 CEBOLLAS ROJAS
SAL
335 G DE ZANAHORIAS EN
BASTONCITOS
4 CUCHARADAS DE AGUA

**PARA 4 PERSONAS**

Retire el exceso de grasa del cordero y, con la punta de un cuchillo afilado, realice 6 incisiones en cada garrón. Corte los ajos a lo largo en 4 láminas. A continuación, inserte 6 láminas de ajo en las incisiones de cada uno de los garrones.

Ponga la carne en una cacerola refractaria, rocíela con el aceite de oliva, esparza el romero y sazónela con pimienta. Ásela durante 45 minutos en el horno precalentado a 175 °C.

Envuelva cada una de las cebollas en un cuadrado de papel de aluminio. Retire la cacerola y sale los garrones. Vuelva a poner la cacerola en el horno y ponga las cebollas en la bandeja, junto a la carne. Ase el cordero 1¼ horas más, hasta que esté muy tierno.

Mientras tanto, llene una cacerola grande con agua y llévela a ebullición. Añada la zanahoria y blanquéela durante 1 minuto. Escúrrala y refrésquela bajo el chorro de agua fría.

Retire la cacerola del horno cuando la carne de cordero esté tan tierna que se deshaga y pásela a una fuente de servir precalentada. Elimine la grasa de la cacerola y póngala a fuego medio. Añada las zanahorias y cuézalas 2 minutos. Pasado este tiempo, añada el agua, llévela a ebullición y déjela cocer a fuego lento, removiendo y diluyendo los restos adheridos al fondo de la cacerola.

Pase las zanahorias y el jugo a la fuente. Saque las cebollas del horno y desenvuélvalas. Corte y deseche 1 cm de la parte superior y añádalas a la fuente. Sirva el cordero enseguida.

# CORDERO ASADO
## AL JENGIBRE

450 G DE YOGUR NATURAL

120 ML DE ZUMO DE LIMÓN

3 CUCHARADAS DE VINAGRE
DE MALTA

2 CUCHARADITAS DE GUINDILLA
MOLIDA

2 CUCHARADITAS DE PASTA DE
JENGIBRE

2 CUCHARADITAS DE PASTA DE AJO

1 CUCHARADITA DE AZÚCAR
MORENO

1 CUCHARADITA DE SAL

UNAS GOTAS DE COLORANTE
ALIMENTARIO ROJO

1 PIERNA DE CORDERO DE 2,5 KG

ACEITE VEGETAL PARA UNTAR

**PARA DECORAR**

RAMITAS DE CILANTRO FRESCAS

**PARA 6 PERSONAS**

Mezcle el yogur, el zumo de limón, el vinagre, la guindilla, la pasta de jengibre, la de ajo, el azúcar, la sal y el colorante en un bol. Realice varios cortes profundos por toda la superficie de la carne y colóquela en una cacerola grande. Vierta sobre ella la marinada de yogur, dele la vuelta para que se impregne bien y llene los orificios de salsa. Cubra el cordero con film transparente y déjelo adobar en el frigorífico durante 8 horas o toda la noche.

Precaliente el horno a 190 °C. Retire el cordero del frigorífico y deje que se ponga a temperatura ambiente. Ase el cordero en el horno precalentado durante 1¼ horas, untándolo de vez en cuando con la marinada.

Retire el asado del horno y reduzca la temperatura a 160 °C. Disponga el cordero en un trozo grande de papel de aluminio, úntelo con el aceite vegetal y envuélvalo completamente. Vuelva a ponerlo en el horno y áselo entre 45 y 60 minutos más o hasta que esté tierno.

Deje reposar el cordero durante 10 minutos antes de trincharlo y servirlo decorado con cilantro fresco.

# CORDERO ASADO CON JUDÍAS

190 G DE JUDÍAS SECAS
*FLAGEOLET*

1 CEBOLLA GRANDE EN CUARTOS

6 DIENTES DE AJO GRANDES

1 HOJA DE LAUREL

RAMITAS DE ROMERO

1 PIERNA DE CORDERO DE 900 G
DESHUESADA Y PREPARADA COMO
REDONDO (ATADA)

2 CUCHARADITAS DE ACEITE
DE OLIVA

60 G DE MANTEQUILLA

2 CUCHARADAS DE PEREJIL
PICADO

160 ML DE SIDRA SEMISECA

UNOS 160 ML DE CALDO DE CARNE
O DE VERDURAS

SAL Y PIMIENTA

**PARA 4-6 PERSONAS**

Ponga las judías en un cuenco, cúbralas de agua y déjelas en remojo toda la noche. Al día siguiente, escúrralas y lávelas. Póngalas en una cacerola grande y cúbralas con el doble de su volumen de agua. Ponga la cacerola a fuego vivo, lleve el agua a ebullición y hierva las judías 10 minutos; espume la superficie mientras se cuecen.

Escurra las judías, cúbralas de nuevo con agua y vuelva a llevarlas a ebullición. Añada la cebolla, 4 dientes de ajo y el laurel. Baje el fuego, tape la cacerola y cueza las judías a fuego lento entre 60 y 90 minutos o hasta que estén cocidas.

Mientras tanto, caliente el horno a 180 °C. Corte los 2 ajos restantes en láminas finas e inserte un par de ramitas de romero en el centro del cordero enrollado. Con un cuchillo afilado, realice pequeños cortes por la superficie del cordero e inserte en ellos las láminas de ajo. Unte bien la carne con aceite de oliva y salpiméntela al gusto. Esparza por encima un poco de romero.

Disponga el cordero en una rejilla sobre una cacerola refractaria y áselo durante 1 hora. Cuando las judías estén tiernas, escúrralas bien y deseche la cebolla, el ajo y el laurel. Añada la mantequilla, el perejil, sal y pimienta. Cubra las judías con papel de aluminio (con la cara más brillante hacia abajo) y resérvelas calientes.

Cuando el cordero esté asado, páselo a una fuente, cúbralo con papel de aluminio y déjelo reposar 10 minutos. Mientras, saque la cacerola del horno y retire el exceso de grasa del jugo del asado.

Coloque la cacerola a fuego medio-fuerte, vierta la sidra y diluya los restos adheridos al fondo. Llévelo todo a ebullición y redúzcalo. Añada el caldo y siga hirviendo la mezcla hasta que se haya reducido a la mitad. Salpiméntela al gusto. Corte el cordero en rodajas finas y sírvalo con las judías y el jugo de la cocción.

# ROSBIF AMERICANO

1 COSTILLAR DE BUEY DE RA CALIDAD (LOMO ALTO) DE 2,7 KG

2 CUCHARADITAS DE MOSTAZA INGLESA SECA

3 CUCHARADAS DE HARINA

300 ML DE VINO TINTO

300 ML DE CALDO DE CARNE

2 CUCHARADITAS DE SALSA WORCESTERSHIRE (OPCIONAL)

SAL Y PIMIENTA

## PUDIN DE YORKSHIRE
## PARA 4 PERSONAS

PRECALIENTE EL HORNO A 220 °C. PREPARE UNA MASA CON 100 G DE HARINA, 1 PIZCA DE SAL, 1 HUEVO BATIDO Y 300 ML DE LECHE Y AGUA. DÉJELA REPOSAR DURANTE ½ HORA. CALIENTE 2 CUCHARADAS DE JUGO DEL ROSBIF O DE ACEITE DE OLIVA EN UN MOLDE MÚLTIPLE PARA MAGDALENAS, EN EL HORNO. SAQUE EL MOLDE, VIERTA EN ÉL LA MASA Y HORNÉELA DE 25 A 30 MINUTOS, HASTA QUE HAYA SUBIDO Y ESTÉ DORADA.

## PARA ACOMPAÑAR
PUDIN DE YORKSHIRE

**PARA 8 PERSONAS**

Precaliente el horno a 230 °C. Salpimiente la carne y úntela con la mostaza y 1 cucharada de harina.

Colóquela en una cacerola refractaria grande y hornéela 15 minutos. Reduzca la temperatura a 190 °C y ásela 15 minutos por cada 450 g de carne y otros 15 minutos adicionales (para esta pieza, 1¾ horas) si le gusta la carne poco hecha, o 20 minutos por cada 450 g de carne y 20 minutos adicionales (2 horas y 20 minutos) si le gusta al punto. Unte la carne de vez en cuando para que no se reseque y añada, si fuera necesario, un poco de caldo o de vino tinto.

Retire la carne del horno y póngala en una fuente de servir precalentada. Cúbrala con papel de aluminio y déjela reposar en un lugar templado entre 10 y 15 minutos.

Para preparar la salsa, elimine casi toda la grasa de la cacerola (resérvela para cocer el pudin de Yorkshire) pero deje el jugo y otros restos de la cocción. Coloque la cacerola en un fogón a fuego medio y diluya los restos adheridos al fondo. Espolvoree en ella el resto de la harina y mézclela, removiendo enérgicamente, con el jugo. Cuando la mezcla sea homogénea, añada poco a poco el vino y gran parte del caldo, sin dejar de remover. Lleve la salsa a ebullición, luego reduzca el fuego y déjela cocer 2 o 3 minutos más. Salpiméntela y, si fuera necesario, añada el resto del caldo y un poco de salsa Worcestershire, si lo prefiere.

Cuando esté lista para servir, corte la carne en rodajas y pásela en platos precalentados. Vierta la salsa en una salsera y sirva la carne acompañada de pudin de Yorkshire.

# ESTOFADO DE CERDO CON APIO

1 CUCHARADA DE ACEITE
DE OLIVA

55 G DE MANTEQUILLA

1 LOMO DE CERDO DE 1 KG
DESHUESADO

4 CHALOTES PICADOS

6 BAYAS DE ENEBRO

2 RAMITAS DE TOMILLO Y
ALGUNAS MÁS PARA DECORAR

160 ML DE SIDRA SECA

120 ML DE CALDO DE POLLO
O AGUA

SAL Y PIMIENTA

8 RAMAS DE APIO TROCEADAS

2 CUCHARADAS DE HARINA

150 G DE NATA ESPESA

**PARA ACOMPAÑAR**

GUISANTES RECIÉN COCIDOS

**PARA 4 PERSONAS**

Caliente el aceite con la mitad de la mantequilla en una cacerola refractaria o en una sartén de base gruesa. Ponga en ella la carne y fríala a fuego medio entre 5 y 10 minutos o hasta que se dore, dándole la vuelta con frecuencia. Pásela a una fuente.

Ponga los chalotes en la cacerola y fríalos, removiendo con frecuencia, durante 5 minutos o hasta que estén blandos. Añada las bayas de enebro y el tomillo y reincorpore la carne con el jugo que haya quedado en la fuente. Vierta la sidra y el caldo, salpiméntelos al gusto, tape la cacerola y cuézalo todo a fuego lento durante 30 minutos. Dele la vuelta a la carne y añada el apio. Tape de nuevo la cacerola y cueza la carne 40 minutos más.

Mientras tanto, prepare una *beurre manié* mezclando la mantequilla restante con la harina en un bol pequeño. Con una espumadera, pase la carne y el apio a una fuente y resérvelos calientes. A continuación, retire las bayas de enebro y el tomillo. Incorpore y vaya mezclando muy despacio la *beurre manié* con el jugo resultante de cocer la carne. Cueza la mezcla, removiendo sin cesar, durante 2 minutos, luego añada la nata y llévelo todo a ebullición. Corte la carne en lonchas y vierta cucharadas de la salsa sobre ellas. Decore la carne con tomillo y sírvala enseguida con el apio y guisantes recién cocidos. Sirva el resto de la salsa por separado.

# 4 COSTILLAS

**Y**a sean asadas a la barbacoa, al horno o a la plancha, las costillas marinadas con salsa siempre resultan entretenidas, y no sólo porque pueden comerse con los dedos y resultan la excusa perfecta para comportarse como un niño. También son deliciosas, ya sean Costillas picantes (*véase* página 176), Costillas al estilo chino (*véase* página 184) o Costillas con miel y soja (*véase* página 198).

En este apartado se incluyen asimismo recetas para quienes tengan gustos sofisticados como el Costillar con costra (*véase* página 178) y el Cordero al vinagre balsámico (*véase* página 200).

# COSTILLAS
## PICANTES

1 CEBOLLA PICADA

2 DIENTES DE AJO PICADOS

1 TROZO DE JENGIBRE FRESCO DE

2,5 CM, EN LÁMINAS

1 GUINDILLA ROJA DESPEPITADA Y

PICADA

5 CUCHARADAS DE SALSA DE SOJA

OSCURA

3 CUCHARADAS DE ZUMO DE LIMA

1 CUCHARADA DE AZÚCAR

MORENO

2 CUCHARADAS DE ACEITE DE

CACAHUETE

SAL Y PIMIENTA

1 KG DE COSTILLAS DE CERDO

**PARA 4 PERSONAS**

Precaliente la barbacoa. Ponga la cebolla, el ajo, el jengibre, la guindilla y la salsa de soja en el robot de cocina y tritúrelo hasta obtener una pasta homogénea. Pásela a un bol y agregue el zumo de lima, el azúcar y el aceite. Salpimiente la mezcla al gusto.

Coloque las costillas en un *wok* precalentado o una sartén grande de base gruesa y vierta por encima la mezcla anterior. Llévela a ebullición y luego déjela cocer a fuego lento, removiendo con frecuencia, durante 30 minutos. Si la mezcla resultara muy seca, añada un poco de agua.

Retire las costillas y reserve la salsa. Ase las costillas en la barbacoa, dándoles la vuelta y untándolas con frecuencia con la salsa, entre 20 y 30 minutos. Páselas a una fuente de servir y sírvalas enseguida.

### Método de cocción alternativo

También puede asar las costillas en la plancha o en la sartén. Conviene untar la plancha con un poco de aceite y precalentarla antes de colocar la carne. El tiempo de cocción puede aumentar ligeramente puesto que con este método no se genera tanto calor como con la barbacoa. Por consiguiente, debe observar la carne para comprobar que está asada al punto que desea.

# COSTILLAR CON COSTRA

2 COSTILLARES DE CORDERO CON
6-8 COSTILLAS CADA UNO SIN PIEL
Y PARTE DE LA GRASA ELIMINADA
40 G DE MIGA DE PAN INTEGRAL
2-3 DIENTES DE AJO MAJADOS
2 CUCHARADAS DE PEREJIL PICADO
1 CUCHARADA DE MENTA FRESCA
PICADA
1 CUCHARADA DE RALLADURA
FINA DE LIMÓN
SAL Y PIMIENTA
1 HUEVO

**PARA LA SALSA**

1 MANZANA PEQUEÑA LAVADA,
DESCORAZONADA Y EN DADOS
PEQUEÑOS
2 TOMATES DESPEPITADOS Y EN
DADOS PEQUEÑOS
3 CEBOLLETAS PICADAS FINAS
1 CUCHARADA DE MENTA FRESCA
PICADA

**PARA EL PURÉ**

450 G DE BONIATOS PELADOS Y
TROCEADOS
2 CUCHARADAS DE LECHE
1 CUCHARADA DE MENTA FRESCA
PICADA

**PARA ACOMPAÑAR**

ALGUNA VERDURA AL VAPOR,
COMO BRÉCOL

**PARA 4 PERSONAS**

Precaliente el horno a 190 °C. Seque los costillares con papel de cocina y envuelva el extremo de los huesos con papel de aluminio.

Mezcle en un bol la miga de pan, el ajo, las hierbas, la ralladura de limón, sal y pimienta, y líguelo bien con el huevo batido. Reboce con esta mezcla el costillar de cordero. Ponga la carne en una cacerola refractaria y ásela en el horno precalentado de 40 a 50 minutos o hasta que esté asado a su gusto.

Saque la cacerola del horno, retire el papel de aluminio del extremo de los huesos y cubra toda la carne con papel de aluminio. Déjela reposar durante 5 minutos.

Mientras tanto, mezcle todos los ingredientes de la salsa en un bol, cúbrala y resérvela hasta que la necesite.

Para preparar el puré de boniato, cueza los boniatos en una olla con agua hirviendo ligeramente salada durante 15 o 20 minutos o hasta que estén tiernos. Escúrralos, cháfelos con un tenedor y bátalos con la leche y la menta hasta obtener una masa homogénea. Sirva el cordero con la salsa y el puré de boniato acompañado de verduras al vapor.

# COSTILLAR DE
## CORDERO

1 COSTILLAR DE CORDERO DE
250-300 G
1 DIENTE DE AJO MAJADO
160 ML DE VINO TINTO
1 RAMITA DE ROMERO MAJADA
PARA QUE DESPRENDA AROMA
1 CUCHARADA DE ACEITE
DE OLIVA
160 ML DE CALDO DE CARNE
2 CUCHARADAS DE MERMELADA
DE GROSELLA ROJA
SAL Y PIMIENTA

**SALSA DE MENTA**

1 PUÑADO DE HOJAS DE MENTA
2 CUCHARADITAS DE AZÚCAR
2 CUCHARADAS DE AGUA
2 CUCHARADAS DE VINAGRE DE
VINO BLANCO

**PARA 2 PERSONAS**

Ponga el costillar de cordero en un cuenco que no sea metálico y frótelo con el ajo. Vierta por encima el vino y coloque la ramita de romero sobre él. Cubra la carne y déjela marinar en el frigorífico durante 3 horas o toda la noche, si es posible.

Precaliente el horno a 220 °C. Retire el cordero de la marinada y resérvela. Seque la carne con papel de cocina y salpimiéntela generosamente. A continuación, pásela a una cacerola refractaria pequeña, rocíela con el aceite y ásela entre 15 y 20 minutos, según prefiera la carne poco hecha o al punto. Retire el cordero del horno y déjelo reposar, cubierto con papel de aluminio, en un lugar templado durante 5 minutos.

Mientras tanto, vierta la marinada que ha reservado en un cazo pequeño, llévela a ebullición a fuego medio y déjela hervir durante 2 o 3 minutos. Añada el caldo y la mermelada de grosella y cueza la mezcla a fuego lento, removiendo de vez en cuando, hasta que adquiera consistencia de jarabe.

Para preparar la salsa de menta, pique la menta y mézclela con el azúcar en un bol. Añada el agua hirviendo y remueva para disolver el azúcar. Vierta el vinagre de vino blanco y deje reposar la salsa durante 30 minutos antes de servirla con el cordero.

Corte la carne en costillas individuales y sírvala en platos precalentados con cucharadas de jarabe de grosella por encima y la salsa de menta por separado.

# COSTILLAS DE CORDERO AL CHUTNEY

700 G DE COSTILLAS DE PECHO DE CORDERO

3 CUCHARADAS DE *CHUTNEY* DULCE

4 CUCHARADAS DE *KETCHUP*

2 CUCHARADAS DE VINAGRE DE MANZANA

2 CUCHARADITAS DE SALSA WORCESTERSHIRE

2 CUCHARADITAS DE MOSTAZA SUAVE

1 CUCHARADA DE AZÚCAR MORENO

**PARA ACOMPAÑAR**

ENSALADA VERDE Y TOMATES CEREZA

**PARA 4 PERSONAS**

Precaliente la barbacoa. Con un cuchillo afilado, corte las costillas del pecho de cordero para obtener porciones más pequeñas.

Ponga agua en una cacerola grande y llévela a ebullición. Añada el cordero y hiérvalo durante 5 minutos. Retire la carne del agua y séquela con papel de cocina.

Mezcle el *chutney*, el *ketchup*, el vinagre, la salsa Worcestershire, la mostaza y el azúcar en una fuente llana que no sea metálica para preparar una salsa.

Añada las costillas a la salsa y mézclelas bien. Retire las costillas y reserve la salsa que sobre para untar la carne mientras se asa. Ase las costillas en la barbacoa caliente durante unos 10 o 15 minutos, dándoles la vuelta y untándolas con frecuencia con la salsa reservada.

Pase las costillas a platos de servir precalentados y sírvalas enseguida con ensalada verde y tomates cereza.

# COSTILLAS AL ESTILO
## CHINO

1 KG DE COSTILLAS DE CERDO

4 CUCHARADAS DE SALSA DE SOJA OSCURA

3 CUCHARADAS DE AZÚCAR MORENO

1 CUCHARADA DE ACEITE DE CACAHUETE O DE GIRASOL

2 DIENTES DE AJO PICADOS FINOS

2 CUCHARADITAS DE MEZCLA DE CINCO ESPECIAS CHINAS MOLIDAS

1 TROZO DE JENGIBRE FRESCO DE 1 CM, RALLADO

**PARA DECORAR**

CEBOLLETA EN JULIANA

**PARA 4 PERSONAS**

Ponga las costillas en una fuente llana que no sea metálica. Mezcle la salsa de soja, el azúcar, el aceite, el ajo, la mezcla de cinco especias y el jengibre en un bol. Vierta la mezcla sobre las costillas y deles la vuelta hasta que queden bien impregnadas.

Cubra la fuente con film transparente y deje marinar la carne en el frigorífico por lo menos 6 horas.

Precaliente la barbacoa. Escurra las costillas y reserve la marinada. A continuación, áselas en la barbacoa, dándoles la vuelta y untándolas con la marinada reservada, entre 30 y 40 minutos. Páselas a una fuente de servir, decórelas con la cebolleta y sírvalas enseguida.

### Método de cocción alternativo

También puede asar las costillas en la plancha o en la sartén. Conviene untar la plancha con un poco de aceite y precalentarla antes de colocar la carne. El tiempo de cocción puede aumentar ligeramente puesto que con este método no se genera tanto calor como con la barbacoa. Por consiguiente, debe observar la carne para comprobar que está asada al punto que desea.

# COSTILLAS DE CERDO ADOBADAS

1¼ CUCHARADITAS DE SAL

2 CUCHARADITAS DE PIMENTÓN

2 CUCHARADITAS DE PIMIENTA

1,3 KG DE COSTILLAS DE CERDO

1 CUCHARADA DE ACEITE A LA
GUINDILLA O VEGETAL

1 CEBOLLA PICADA FINA

6 CEBOLLETAS PICADAS

3 DIENTES DE AJO PICADOS

2 CUCHARADITAS DE JENGIBRE
FRESCO PICADO FINO

1 GUINDILLA ROJA PICADA

1 CUCHARADA DE CILANTRO
PICADO

1 CUCHARADA DE PEREJIL PICADO

1 CUCHARADA DE JEREZ DULCE

1½ CUCHARADAS DE AZÚCAR
MORENO

4 CUCHARADAS DE SALSA CHINA
DE HABAS DE SOJA PICANTE

1 CUCHARADA DE CONCENTRADO
DE TOMATE

1 CUCHARADA DE VINO DE ARROZ

1 CUCHARADA DE VINAGRE DE
JEREZ

120 ML DE ZUMO DE NARANJA

2½ CUCHARADAS DE SALSA DE SOJA

SAL Y PIMIENTA

## PARA ACOMPAÑAR

GAJOS DE NARANJA

**PARA 4 PERSONAS**

Precaliente el horno a 240 °C. Mezcle la sal, el pimentón y la pimienta en una fuente refractaria y, a continuación, disponga encima las costillas. Deles la vuelta para que queden bien sazonadas. Áselas en el horno precalentado a altura media entre 1¾ y 2 horas. Transcurrido este tiempo, retire la fuente del horno, escurra la grasa de las costillas y resérvelas.

Caliente el aceite en una sartén. Añada la cebolla, la cebolleta, el ajo, el jengibre y la guindilla, y sofríalos a fuego vivo durante 1 minuto. A continuación, añada las hierbas, el jerez, el azúcar, la salsa china, el concentrado de tomate, el vino de arroz, el vinagre, el zumo de naranja y la salsa de soja. Salpimiente la mezcla generosamente. Llévela a ebullición, baje el fuego y déjela cocer durante 15 o 20 minutos, removiendo de vez en cuando.

## Método de cocción alternativo

Si prefiere asar las costillas en la barbacoa, úntelas de salsa y luego áselas en la parrilla a fuego vivo entre 7 y 10 minutos por cada lado o hasta que el interior quede bien asado, dándoles la vuelta con frecuencia y untándolas con más salsa, cuando sea necesario. Sírvalas enseguida acompañadas de gajos de naranja.

# COSTILLAS DE CERDO
## PICANTES

900 G DE COSTILLAS DE CERDO

150 G DE TOMATE TAMIZADO

2 CUCHARADAS DE VINAGRE DE
VINO TINTO

2 CUCHARADAS DE AZÚCAR
MORENO OSCURO

1 DIENTE DE AJO MAJADO

1 CUCHARADITA DE TOMILLO SECO

½ CUCHARADITA DE ROMERO SECO

1 CUCHARADITA DE SALSA DE
GUINDILLA

**PARA DECORAR**

GUINDILLAS ROJAS

**PARA ACOMPAÑAR**

ENSALADA VERDE

**PARA 8 PERSONAS**

Si adquiere las costillas en una sola pieza, sepárelas con cuidado cortándolas con un cuchillo afilado. Ponga agua en una cacerola grande y llévela a ebullición, introduzca las costillas y cuézalas durante 10 minutos. A continuación, escúrralas bien. Coloque las costillas en una fuente llana que no sea metálica.

Para preparar la salsa picante, mezcle el tomate, el vinagre, el azúcar, el ajo, las hierbas y la salsa de guindilla en un bol.

Vierta la salsa sobre las costillas de cerdo y mueva la fuente para que se impregnen de salsa completamente. Cúbralas y déjelas marinar en el frigorífico durante 1 hora.

Precaliente la barbacoa. Retire las costillas de la salsa y reserve la marinada para untarlas. Ase la carne a fuego vivo entre 5 y 10 minutos y, a continuación, páselas a una parte de la parrilla donde no se concentre tanto calor. Áselas entre 15 y 20 minutos más, dándoles la vuelta y untándolas a menudo con la salsa restante. Ponga las costillas en platos de servir precalentados y decórelas con guindillas, si tiene previsto usarlas. Sirva el plato enseguida acompañado de ensalada verde.

# COSTILLAS CON SALSA BARBACOA

500 G DE COSTILLAS DE CERDO

1 CUCHARADA DE AZÚCAR

1 CUCHARADA DE SALSA DE SOJA
CLARA

1 CUCHARADA DE SALSA DE SOJA
OSCURA

3 CUCHARADAS DE SALSA *HOISIN*

1 CUCHARADA DE VINO DE ARROZ
O JEREZ SECO

4-5 CUCHARADAS DE AGUA O
CALDO CHINO

SALSA DE GUINDILLA SUAVE PARA
MOJAR LAS COSTILLAS

**PARA DECORAR**

HOJAS DE CILANTRO

**PARA 4 PERSONAS**

Con un cuchillo afilado, retire el exceso de grasa de las costillas y córtelas en trozos pequeños. A continuación, colóquelas en una fuente refractaria.

Mezcle el azúcar, las dos salsas de soja, la salsa *hoisin* y el vino. Vierta la mezcla sobre las costillas de la fuente. Deles la vuelta para que se impregnen bien y déjelas marinar entre 2 y 3 horas.

Añada el agua o el caldo chino a las costillas y póngalas espaciadas en la fuente. Áselas en el horno precalentado durante 15 minutos.

Dele la vuelta a la carne, baje la temperatura del horno y ásela entre 30 y 35 minutos más.

Para servir, disponga las costillas de forma decorativa en una fuente.

Vierta la salsa de la fuente de asar sobre las costillas y decórelas con algunas hojas de cilantro. Ponga un poco de salsa de guindilla suave en un bol pequeño y sírvala con las costillas para mojar. Sirva el plato enseguida.

# COSTILLAS
## CON HUMMUS

6 COSTILLARES DE CORDERO CON
3 CHULETAS CADA UNO
2 CUCHARADAS DE ACEITE
DE OLIVA

**MARINADA**

1 CUCHARADA DE ACEITE
DE OLIVA
2 CUCHARADAS DE MIEL
2 CUCHARADITAS DE CILANTRO
MOLIDO
2 CUCHARADITAS DE COMINO
MOLIDO
1 CUCHARADITA DE PIMIENTA
INGLESA MOLIDA
½ CUCHARADITA DE PIMENTÓN

**PARA DECORAR**

ALGUNAS RAMITAS DE MENTA

**PARA ACOMPAÑAR**

*HUMMUS*

**PARA 6 PERSONAS**

Precaliente el horno a 190 °C. Ponga el cordero en una cacerola refractaria y vierta encima 2 cucharadas de aceite de oliva. Ase la carne entre 10 y 15 minutos o hasta que esté casi asada.

Mezcle 1 cucharada de aceite de oliva con la miel y las especias en un bol. Unte el cordero caliente con la mezcla de especias, luego páselo a una fuente y déjelo enfriar. Cúbralo con film transparente y déjelo marinar en el frigorífico toda la noche.

Ase el cordero en la barbacoa a fuego moderado, dándole la vuelta con frecuencia, hasta que esté completamente asado y bien dorado. Como alternativa, puede colocarlo en el horno precalentado a 220 °C hasta que esté asado y dorado. Páselo a platos individuales, añada 2 o 3 cucharadas de *hummus* al lado de cada costillar, decórelos con ramitas de menta y sírvalos.

# COSTILLAS AGRIDULCES

4 CEBOLLETAS PICADAS FINAS

3 CUCHARADAS DE ZUMO
DE LIMÓN

160 ML DE VINAGRE DE VINO
BLANCO

2 CUCHARADITAS DE MOSTAZA
INGLESA

3 CUCHARADAS DE AZÚCAR
MORENO

3 CUCHARADAS DE SALSA
WORCESTERSHIRE

5 CUCHARADAS DE PASTA DE
TOMATES SECADOS AL SOL

1 KG DE COSTILLAR DE CERDO

SAL Y PIMIENTA

**PARA 4 PERSONAS**

Ponga la cebolleta, el zumo de limón, el vinagre, la mostaza, el azúcar, la salsa Worcestershire y la pasta de tomates en un cazo, salpimiéntelo todo y llévelo a ebullición, removiendo bien para mezclarlos. Reduzca el fuego y déjelo cocer a fuego lento, removiendo de vez en cuando, durante 30 minutos. Ponga el cazo junto a la barbacoa.

Con un cuchillo afilado, haga marcas profundas en la parte superior del costillar y, a continuación, úntelo bien con la salsa.

Ase la carne en la barbacoa a fuego medio, dándole la vuelta y untándola con la salsa con frecuencia, entre 1 y 1¼ horas o hasta que esté asada por dentro y tierna. Sírvala enseguida.

# SALTEADO DE COSTILLAS

500 G DE COSTILLAS DE CERDO

1 CUCHARADITA DE AZÚCAR

1 CUCHARADA DE SALSA DE SOJA
CLARA

1 CUCHARADITA DE VINO DE
ARROZ O JEREZ SECO

1 CUCHARADITA DE HARINA
DE MAÍZ

480 ML DE ACEITE VEGETAL

1 DIENTE DE AJO PICADO FINO

1 CEBOLLETA EN TROZOS
PEQUEÑOS

1 GUINDILLA (ROJA O VERDE) EN
JULIANA

2 CUCHARADAS DE SALSA DE
HABICHUELAS NEGRAS

160 ML DE CALDO CHINO O AGUA

1 CEBOLLA PEQUEÑA EN DADOS

1 PIMIENTO VERDE MEDIANO
DESPEPITADO Y EN DADOS

**PARA 4 PERSONAS**

Retire el exceso de grasa de las costillas. Con un cuchillo afilado, corte cada costilla en 3 o 4 trozos que puedan comerse de un bocado y páselos a una fuente llana.

Mezcle el azúcar, la salsa de soja, el vino y la harina de maíz, y vierta la mezcla sobre las costillas. Déjelas marinar entre 35 y 45 minutos.

Caliente el aceite en una sartén o un *wok* grande precalentado.

Ponga las costillas en el *wok* y fríalas durante 2 o 3 minutos hasta que comiencen a dorarse. Retírelas con una espumadera y escúrralas sobre papel de cocina.

Deseche todo el aceite del *wok* menos una cucharada y sofría el ajo, la cebolleta, la guindilla y la salsa de habichuelas entre 30 y 40 segundos.

Añada las costillas, mézclelas bien y, a continuación, vierta el caldo o el agua. Lleve el líquido a ebullición, reduzca el fuego, tape el *wok* y cueza la carne entre 8 y 10 minutos, removiendo un par de veces.

Agregue la cebolla y el pimiento verde, suba el fuego y remueva, sin tapar el *wok*, unos 2 minutos para que la salsa se reduzca un poco. Sirva las costillas calientes.

# COSTILLAS CON MIEL Y SOJA

1 KG DE COSTILLAS DE CERDO
TROCEADAS
½ LIMÓN
½ NARANJA PEQUEÑA
1 TROZO DE JENGIBRE FRESCO DE
2,5 CM, PELADO
2 DIENTES DE AJO
1 CEBOLLA PEQUEÑA PICADA
2 CUCHARADAS DE SALSA DE SOJA
2 CUCHARADAS DE VINO DE ARROZ
½ CUCHARADITA DE SIETE
ESPECIAS MOLIDAS TAILANDESAS
2 CUCHARADAS DE MIEL
1 CUCHARADA DE ACEITE DE
SÉSAMO

**PARA DECORAR**

RODAJAS DE LIMÓN RETORCIDAS

**PARA ACOMPAÑAR**

GAJOS DE NARANJA

**PARA 4 PERSONAS**

Ponga las costillas en una cacerola refractaria grande, cúbralas con papel de aluminio y áselas en el horno precalentado a 175 °C durante 30 minutos.

Mientras tanto, retire y deseche las semillas del limón y de la naranja, si tienen, y páselos por el robot de cocina junto con el jengibre, el ajo, la cebolla, la salsa de soja, el vino de arroz, las especias, la miel y el aceite de sésamo. Bata todos los ingredientes hasta obtener una mezcla homogénea.

Deseche la grasa de las costillas y viértales encima con una cucharada la mezcla que ha preparado. Agite la cacerola para que la carne se impregne uniformemente.

Vuelva a poner las costillas al horno y áselas a 200 °C, dándoles la vuelta y untándolas de vez en cuando con la salsa, durante 40 minutos aproximadamente o hasta que estén doradas. Sírvalas calientes.

# CORDERO AL VINAGRE
## BALSÁMICO

6 COSTILLARES DE CORDERO
CON 3 CHULETAS CADA UNO

**PARA 6 PERSONAS**

**MARINADA**

3 CUCHARADAS DE ROMERO
FRESCO PICADO

1 CEBOLLA PEQUEÑA PICADA FINA

3 CUCHARADAS DE ACEITE
DE OLIVA

1 CUCHARADA DE VINAGRE
BALSÁMICO

1 CUCHARADA DE ZUMO DE LIMÓN

SAL Y PIMIENTA

**PARA DECORAR**

RAMITAS DE ROMERO

Ponga el cordero en una fuente llana y esparza por encima el romero y la cebolla picados. Mezcle el aceite de oliva, el vinagre y el zumo de limón, y salpimiente la mezcla.

Vierta la marinada sobre la carne y dele la vuelta para que se impregne bien. Cúbrala con film transparente y déjela marinar en un lugar fresco entre 1 y 2 horas.

Escurra el cordero y reserve la marinada. Ase los costillares en la barbacoa a fuego medio entre 8 y 10 minutos por cada lado, untándolos a menudo con la marinada que ha reservado. Sirva la carne decorada con ramitas de romero.

**Método de cocción alternativo**

Ase el cordero bajo el gratinador precalentado durante unos 8 o 10 minutos, según el grosor de la carne, o hasta que esté asada. El tiempo de cocción puede aumentar ligeramente puesto que con este método no se genera tanto calor como con la barbacoa. Por consiguiente, debe observar la carne para comprobar que está asada al punto que desea.

# CERDO CON SALSA
## DE CIRUELA

900 G DE COSTILLAS DE CERDO

2 CUCHARADAS DE ACEITE DE
GIRASOL

1 CUCHARADITA DE ACEITE DE
SÉSAMO

2 DIENTES DE AJO MAJADOS

1 TROZO DE JENGIBRE FRESCO DE
2,5 CM, RALLADO

160 ML DE SALSA DE CIRUELA

2 CUCHARADAS DE JEREZ SECO

2 CUCHARADAS DE SALSA *HOISIN*

2 CUCHARADAS DE SALSA DE SOJA

**PARA DECORAR**

4-6 CEBOLLETAS EN BORLAS

**PARA 4 PERSONAS**

Para preparar las cebolletas en borlas para decorar, parta y deseche los extremos de las cebolletas. Corte ambos extremos en tiras finas sin separarlas del todo, dejando el centro intacto.

Ponga las cebolletas en un bol con agua helada durante por lo menos 30 minutos hasta que los extremos comiencen a doblarse. Déjelas dentro del agua y resérvelas hasta que las necesite.

Si compra las costillas en una sola pieza, sepárelas en unidades. A continuación, ponga agua en una cacerola, llévela a ebullición y añada las costillas. Déjelas cocer unos 5 minutos y escúrralas bien.

Caliente los aceites en una sartén, añada el ajo y el jengibre, y fríalos a fuego lento durante 1 o 2 minutos. Añada la salsa de ciruela, el jerez, la salsa *hoisin* y la salsa de soja, y caliente bien la mezcla obtenida.

Unte las costillas con la salsa que ha preparado. A continuación, áselas en la barbacoa a fuego vivo entre 5 y 10 minutos, páselas a una parte de la parrilla donde el calor sea menos intenso y áselas entre 15 y 20 minutos más, untándolas con el resto de la salsa. Decórelas con las cebolletas y sírvalas calientes.

# COSTILLAS
## REBOZADAS

8-10 COSTILLAS DE CERDO

1 CUCHARADITA DE MEZCLA DE
CINCO ESPECIAS MOLIDAS O

1 CUCHARADA DE CURRY SUAVE
MOLIDO

1 CUCHARADA DE VINO DE ARROZ
O JEREZ SECO

1 HUEVO

2 CUCHARADAS DE HARINA

ACEITE VEGETAL PARA FREÍR

SAL Y PIMIENTA

**PARA DECORAR**

TIRAS FINAS DE CEBOLLETAS

TIRAS FINAS DE GUINDILLAS
ROJAS O VERDES

**PARA 4 PERSONAS**

Corte las costillas en 3 o 4 trozos pequeños y colóquelas en un cuenco junto con la sal, la pimienta, las cinco especias o el curry y el vino. Dele la vuelta a las costillas para que se impregnen bien con las especias y déjelas marinar durante 1 o 2 horas.

Mezcle el huevo y la harina para formar una pasta y reboce una a una las costillas.

Caliente el aceite en un *wok* precalentado hasta que comience a humear y fría las costillas durante 4 o 5 minutos. A continuación, retírelas con unas pinzas o una espumadera y escúrralas sobre papel de cocina.

Caliente de nuevo el aceite a fuego vivo y fría las costillas un minuto más. Retírelas del fuego y vuelva a escurrirlas en papel de cocina.

Vierta 1 cucharada de aceite caliente sobre las cebolletas y las guindillas, y déjelas reposar entre 30 y 40 segundos. Sirva las costillas decoradas con las tiras finas de cebolletas y guindillas.

# COSTILLAS CHINAS

900 G DE COSTILLAS DE CERDO

2 CUCHARADAS DE SALSA DE SOJA
OSCURA

3 CUCHARADAS DE SALSA *HOISIN*

1 CUCHARADA DE VINO DE ARROZ
CHINO O JEREZ SECO

1 PIZCA DE MEZCLA DE CINCO
ESPECIAS CHINAS MOLIDAS

2 CUCHARADITAS DE AZÚCAR
MORENO OSCURO

¼ DE CUCHARADITA DE SALSA DE
GUINDILLA

2 DIENTES DE AJO MAJADOS

**PARA DECORAR**

RAMITAS DE CILANTRO

**PARA 4 PERSONAS**

Si adquiere un costillar en una sola pieza, separe las costillas. Si lo prefiere, puede cortarlas en trozos de unos 5 cm.

Mezcle la salsa de soja, la salsa *hoisin*, el vino de arroz chino o el jerez, las especias, el azúcar moreno oscuro, la salsa de guindilla y el ajo en un bol.

Ponga las costillas en una fuente llana y vierta la mezcla sobre ellas; deles la vuelta para que se impregnen bien. Cúbralas y déjelas marinar en el frigorífico, dándoles la vuelta de vez en cuando, durante al menos 1 hora.

Retire las costillas de la marinada y póngalas en una sola capa sobre una rejilla metálica colocada encima de una bandeja del horno llena de agua templada hasta la mitad. Unte la carne con la marinada y reserve la que sobre.

Ase la carne en el horno precalentado a 180 °C, durante unos 30 minutos. Retire la bandeja del horno y dé la vuelta a las costillas. Úntelas con el resto de la marinada y colóquelas de nuevo en el horno para asarlas otros 30 minutos, o hasta que estén bien asadas. Páselas a platos calientes, decórelas con cilantro y sírvalas enseguida.

# COSTILLAR AL BOURBON

2 COSTILLARES DE CERDO DE UNOS
650 G CADA UNO
ACEITE VEGETAL PARA UNTAR

**PARA EL ADOBO DE TENNESSEE**
1 CUCHARADA DE COMINO MOLIDO
1 CUCHARADITA DE SAL DE AJO
½ CUCHARADITA DE CANELA MOLIDA
½ CUCHARADITA DE MOSTAZA
INGLESA EN POLVO
½ CUCHARADITA DE CILANTRO
MOLIDO
1 CUCHARADITA DE HIERBAS
⅛ DE CUCHARADITA DE CAYENA

**PARA LA SALSA BARBACOA AL
BOURBON**
1 CUCHARADA DE ACEITE DE MAÍZ
½ CEBOLLA PICADA FINA
2 DIENTES DE AJO PICADOS
65 G DE AZÚCAR MORENO
1 CUCHARADA DE MOSTAZA
INGLESA EN POLVO
1 CUCHARADITA DE COMINO
2 CUCHARADAS DE CONCENTRADO
DE TOMATE
6 CUCHARADAS DE BOURBON
2 CUCHARADAS DE SALSA
WORCESTERSHIRE
2 CUCHARADAS DE VINAGRE DE
MANZANA O DE VINO BLANCO
UNAS GOTAS DE SALSA PICANTE

**PARA 4-6 PERSONAS**

Un día antes de preparar esta receta, mezcle todos los ingredientes del adobo de Tennessee en un bol pequeño y unte ambos lados de las costillas con la mezcla. A continuación, cubra la carne y déjela adobar toda la noche en el frigorífico.

Para preparar la salsa barbacoa, caliente el aceite en una cacerola a fuego medio. Añada la cebolla y el ajo, y fríalos 5 minutos, removiendo con frecuencia, o hasta que la cebolla esté blanda. Incorpore el resto de los ingredientes de la salsa, llévela a ebullición y remueva para que el azúcar se disuelva. A continuación, reduzca el fuego y deje cocer la salsa a fuego lento, sin taparla, entre 30 minutos y 1 hora, removiendo de vez en cuando, hasta que adquiera un color marrón oscuro y esté muy espesa. Déjela enfriar, tape la cacerola y refrigérela hasta que vaya a utilizarla.

Cuando esté a punto de asar la carne, encienda la barbacoa y unte la parrilla con aceite. Ase las costillas, dándoles la vuelta con frecuencia, durante 40 minutos o hasta que estén tiernas. Si ve que las costillas se secan, humedézcalas con un poco de agua.

Retire la carne de la barbacoa y córtela en porciones de 1 o 2 costillas. Póngala de nuevo en la barbacoa y úntela con la salsa barbacoa. Ase las costillas, dándoles la vuelta a menudo y untándolas generosamente con la salsa, otros 10 minutos o hasta que queden de color marrón oscuro y brillantes. Sírvalas acompañadas de un bol con los restos de la salsa para mojar y... un montón de servilletas de papel para limpiarse los dedos.

# BOCADITOS DE COSTILLA
## A LA CIRUELA

### SALSA

60 ML DE SALSA DE CIRUELA,
SALSA *HOISIN*, SALSA AGRIDULCE
O SALSA DE PATO

1 CUCHARADITA DE AZÚCAR
MORENO

1 CUCHARADA DE *KETCHUP*

1 PIZCA DE SAL DE AJO

2 CUCHARADAS DE SALSA DE SOJA
OSCURA

1 KG DE COSTILLAS EN TROZOS DE
5 CM

### PARA DECORAR

3 CUCHARADAS DE CILANTRO
TROCEADO

**PARA 4 PERSONAS**

Precaliente el horno a 190 °C.

Para preparar la salsa, mezcle la salsa que haya elegido, el azúcar moreno, el *ketchup*, la sal de ajo y la salsa de soja en un cuenco.

Añada las costillas a la salsa y remuévalas para que se impregnen bien. Páselas a una cacerola refractaria metálica, en una sola capa.

Coloque la cacerola en el horno y ase las costillas durante unos 20 minutos o hasta que estén asadas por dentro y presenten una textura pegajosa. Páselas a una fuente y sírvalas enseguida, decoradas con el cilantro.

# COSTILLAS CON SALSA
## DE PIÑA

450 G DE COSTILLAS DE CERDO EN
TROZOS PEQUEÑOS

ACEITE VEGETAL O DE CACAHUETE
PARA FREÍR

### PARA LA MARINADA

2 CUCHARADITAS DE SALSA DE
SOJA CLARA

½ CUCHARADITA DE SAL

1 PIZCA DE PIMIENTA BLANCA

### PARA LA SALSA

3 CUCHARADAS DE VINAGRE DE
ARROZ

2 CUCHARADAS DE AZÚCAR

1 CUCHARADA DE SALSA DE SOJA
CLARA

1 CUCHARADA DE *KETCHUP*

1½ CUCHARADAS DE ACEITE
VEGETAL O DE CACAHUETE

1 PIMIENTO VERDE EN TROZOS
GRANDES

1 CEBOLLA PEQUEÑA EN TROZOS
GRANDES

1 ZANAHORIA PEQUEÑA EN
RODAJAS FINAS

½ CUCHARADITA DE AJO PICADO FINO

½ CUCHARADITA DE JENGIBRE
PICADO FINO

100 G DE PIÑA TROCEADA

**PARA 4 PERSONAS**

Mezcle los ingredientes de la marinada en un bol con la carne
y déjela marinar por lo menos 20 minutos.

En un *wok*, una freidora o una sartén de base gruesa grande,
caliente aceite, en cantidad suficiente como para poder sumergir
toda la carne, a una temperatura de 180-190 °C o hasta que un
dado de pan se tueste en 30 segundos. Fría las costillas durante
8 minutos, escúrralas y déjelas reposar.

Para preparar la salsa, mezcle primero el vinagre, el azúcar,
la salsa de soja y el *ketchup*. Resérvela.

En un *wok* o sartén honda precalentados, caliente 1 cucharada
del aceite y sofría el pimiento, la cebolla y la zanahoria durante
2 minutos. Retire los ingredientes del fuego y resérvelos.

Limpie el *wok* y precaliéntelo. A continuación, caliente el resto
del aceite y sofría el ajo y el jengibre hasta que comiencen a
desprender aroma. Vierta la salsa reposada. Llévela a ebullición
y añada los trozos de piña. Por último, añada las costillas y
el pimiento, la cebolla y la zanahoria. Remueva todos los
ingredientes hasta que estén calientes y sirva el plato enseguida.

# COSTILLAS GLASEADAS CON SOJA

600 G DE COSTILLAS DE CERDO EN
TROZOS PEQUEÑOS

1 CUCHARADA DE SALSA DE SOJA
OSCURA

1 CABEZA DE AJOS ENTERA

2 CUCHARADAS DE ACEITE
VEGETAL O DE CACAHUETE, O
MANTECA

1 RAMA DE CANELA

2 SEMILLAS DE ANÍS ESTRELLADO

3 CUCHARADAS DE SALSA DE
SOJA CLARA

55 G DE AZÚCAR CRISTALIZADO

180 ML DE AGUA

**PARA 4 PERSONAS**

Marine las costillas de cerdo en la salsa de soja oscura por lo menos durante 20 minutos.

Separe los dientes de ajo pero no los pele.

En un *wok* o sartén honda precalentados, caliente el aceite y sofría los ajos durante 1 minuto. Agregue la canela y el anís, y déjelos freír un minuto más. Incorpore la carne y, cuando comience a dorarse, vierta la salsa de soja clara, el azúcar y el agua, y remueva hasta que el azúcar se disuelva. Cuézalo todo a fuego lento y sin tapar durante 30 minutos, removiendo con frecuencia. Tape el *wok* y deje cocer la carne de 60 a 75 minutos o hasta que esté cocida y la salsa quede espesa y concentrada.

# 5 GUARNICIONES

**R**esulta difícil imaginar un rosbif sin patatas asadas o un bistec sin patatas fritas pero, además de esas guarniciones típicas, este capítulo ofrece un sinfín de ideas para preparar hortalizas y ensaladas para acompañar filetes, chuletas y asados. ¿Qué resulta más sabroso que un Puré de patatas con ajo (*véase* página 222) con el cordero asado, unas Verduras asadas con *pesto* (*véase* página 220) con las chuletas de ternera o la Ensalada de arroz tropical (*véase* página 226) con el cerdo a la parrilla? Los Buñuelos (*véase* página 230), los Fríjoles refritos (*véase* página 228) y la Ensalada de col y zanahoria (*véase* página 242) siempre resultan también el acompañamiento perfecto.

# PATATAS ASADAS

3 KG DE PATATAS GRANDES
(BLANCAS O ROJAS) PELADAS Y EN
TROZOS MEDIANOS
3 CUCHARADAS DE ACEITE DE
OLIVA O GIRASOL
SAL

**PARA 6 PERSONAS**

Precaliente el horno a 220 °C.

Cueza las patatas en una cacerola grande con agua hirviendo
ligeramente salada a fuego medio, tapada, entre 5 y 7 minutos.
Todavía estarán firmes. A continuación, retírelas del fuego.
Mientras tanto, vierta el aceite en una bandeja refractaria e
introdúzcala en el horno caliente.

Escurra bien las patatas y póngalas de nuevo en la cacerola.
Tápela y agítela enérgicamente para que la superficie de las
patatas se tueste un poco y así luego adquieran una textura
más crujiente.

Retire la bandeja del horno y unte las patatas con cuidado
en el aceite caliente. Remuévalas para que se impregnen bien.

Ase las patatas en la parte superior del horno durante 45 o
50 minutos hasta que estén tostadas por toda la superficie y
bastante crujientes. Deles la vuelta y úntelas sólo una vez más
durante el proceso para que no se pierda la textura.

Con una espumadera, páselas con cuidado de la bandeja a una
fuente precalentada. Sálelas y sírvalas enseguida. Si sobran (cosa
que es poco probable) también resultan deliciosas frías.

# VERDURAS ASADAS
## CON PESTO

1 CEBOLLA ROJA

1 BULBO DE HINOJO

4 BERENJENAS PEQUEÑAS

4 CALABACINES PEQUEÑOS

1 PIMIENTO NARANJA

1 PIMIENTO ROJO

2 TOMATES GRANDES

2 CUCHARADAS DE ACEITE
DE OLIVA

SAL Y PIMIENTA

**CREMA DE PESTO**

4 CUCHARADAS DE HOJAS DE
ALBAHACA

1 CUCHARADA DE PIÑONES

1 DIENTE DE AJO

1 PIZCA DE SAL GRUESA

25 G DE QUESO PARMESANO
RECIÉN RALLADO

60 ML DE ACEITE DE OLIVA
VIRGEN EXTRA

150 G DE YOGUR NATURAL SIN EL
SUERO

**PARA DECORAR**

1 RAMITA DE ALBAHACA FRESCA

**PARA 4 PERSONAS**

Precaliente la barbacoa. Para preparar la crema de *pesto*, ponga la albahaca, los piñones, el ajo y la sal en el mortero y píquelos. Añada el parmesano de forma gradual y, luego, el aceite de oliva. Coloque el yogur en un bol pequeño de servir y vierta en él 3 o 4 cucharadas de *pesto*. Cubra la mezcla con film transparente y déjela enfriar en el frigorífico hasta que la necesite. Si le ha sobrado *pesto*, puede guardarlo en un tarro tapado en el frigorífico.

Prepare las verduras: corte la cebolla y el bulbo de hinojo en gajos, corte los extremos de las berenjenas y los calabacines, parta los pimientos por la mitad y despepítelos, y corte los tomates por la mitad. Unte las verduras con aceite y salpimiéntelas.

Ase las berenjenas y los pimientos en la barbacoa durante unos 3 minutos. A continuación, ase también los calabacines, la cebolla, el tomate y el hinojo, dándoles la vuelta de vez en cuando y untándolos con más aceite, si fuera necesario, durante 5 minutos más. Pase las verduras a una fuente y sírvalas con el *pesto*, decoradas con una ramita de albahaca.

### Método de cocción alternativo

Precaliente una plancha a fuego vivo. Ase las verduras por tandas, y presiónelas hasta que la piel quede algo chamuscada y la pulpa esté blanda (unos 2 minutos por cada lado), untándolas con aceite si fuera necesario.

# PURÉ DE PATATAS
## CON AJO

2 CABEZAS DE AJOS ENTERAS

1 CUCHARADA DE ACEITE
DE OLIVA

900 G DE PATATAS HARINOSAS
PELADAS

120 ML DE LECHE

55 G DE MANTEQUILLA

SAL Y PIMIENTA

**PARA 4 PERSONAS**

Precaliente el horno a 180 °C.

Separe los dientes de ajo, póngalos sobre un trozo grande de papel de aluminio y rocíelos con el aceite. Envuelva los ajos con el papel de aluminio y áselos en el horno durante 1 hora o hasta que estén muy tiernos. Déjelos enfriar ligeramente.

Veinte minutos antes de finalizar el tiempo de cocción, corte las patatas en trozos medianos y cuézalas en agua hirviendo salada durante unos 15 minutos o hasta que estén tiernas.

Mientras tanto, pele los ajos y páselos por el chino a un cazo. Añada la leche, la mantequilla, la sal y la pimienta y caliéntelos a fuego lento hasta que la mantequilla se haya derretido.

Escurra las patatas cocidas y cháfelas en la cacerola hasta que adquieran una textura homogénea. Incorpore la mezcla de ajo y caliéntelo todo a fuego lento, removiendo, hasta que los ingredientes estén bien mezclados. Sirva el puré caliente.

# PANECILLOS DE MAÍZ

ACEITE DE MAÍZ PARA UNTAR

140 G DE HARINA DE MAÍZ

85 G DE HARINA DE TRIGO TAMIZADA

350-450 G DE AZÚCAR EXTRAFINO O AL GUSTO

2½ CUCHARADITAS DE LEVADURA EN POLVO

¾ DE CUCHARADITA DE SAL

5 CEBOLLETAS PICADAS FINAS

250 ML DE LECHE

1 HUEVO

3 CUCHARADAS DE MANTEQUILLA

**PARA SERVIR**

MANTEQUILLA PARA UNTAR

**PARA 14 UNIDADES**

Precaliente el horno a 220 °C. Unte generosamente 2 moldes para panecillos con 7 orificios cada uno con aceite y colóquelos en el horno mientras se calienta.

No comience a preparar la masa de harina hasta que el horno haya alcanzado la temperatura indicada. En un cuenco, mezcle los dos tipos de harina, el azúcar, la levadura y la sal y, después, añada las cebolletas. Haga un hueco en el centro.

Mezcle la leche, el huevo y la mantequilla en un bol, y luego agréguelos a los ingredientes secos, amasando sólo lo justo para mezclar todos los ingredientes.

Retire con cuidado los moldes calientes del horno y reparta entre ellos la masa, llenando aproximadamente ¾ partes del molde. Vuelva a poner los moldes en el horno y hornéelos durante 20 o 25 minutos, o hasta que la masa haya subido y empiece a asomar por los laterales. Si pincha los panecillos con un mondadientes, éste debería salir limpio.

Deje reposar los panecillos durante 1 minuto y, a continuación, desmóldelos con la ayuda de un cuchillo romo. Sírvalos enseguida con mantequilla para untarlos.

# ENSALADA DE ARROZ TROPICAL

125 G DE ARROZ DE GRANO LARGO

SAL Y PIMIENTA

4 CEBOLLETAS

225 G DE PIÑA EN LATA
AL NATURAL

200 G DE MAÍZ EN LATA
ESCURRIDO

2 PIMIENTOS ROJOS
DESPEPÍTADOS Y EN DADOS

3 CUCHARADAS DE PASAS

### ALIÑO

1 CUCHARADA DE ACEITE DE
CACAHUETE

1 CUCHARADA DE ACEITE DE
AVELLANA

1 CUCHARADA DE SALSA DE SOJA
CLARA

1 DIENTE DE AJO PICADO FINO

1 CUCHARADITA DE JENGIBRE
FRESCO PICADO

**PARA 4 PERSONAS**

Cueza el arroz en una cacerola grande con agua hirviendo ligeramente salada durante 15 minutos o hasta que esté tierno. Páselo bajo el chorro de agua fría y escúrralo bien. Disponga el arroz en un cuenco para servir.

Con un cuchillo afilado, pique finas las cebolletas. Escurra la piña, trocéela y reserve el jugo. Añada al arroz la piña, el maíz, el pimiento, la cebolleta picada y las pasas; mezcle un poco todos los ingredientes.

Mezcle todos los ingredientes del aliño con el jugo de piña que ha reservado, remueva bien y salpimiente la mezcla al gusto. Vierta el aliño por encima de la ensalada y remuévala para que se mezclen bien todos los sabores. Sírvala enseguida.

# FRÍJOLES REFRITOS

6-8 CUCHARADAS DE ACEITE DE
MAÍZ O MANTECA
1 CEBOLLA PICADA FINA
400 G DE FRÍJOLES COCIDOS

**PARA ACOMPAÑAR**

TORTILLAS DE MAÍZ FRITAS

**PARA 6 PERSONAS**

Caliente 2 cucharadas de aceite de maíz en una sartén grande de base gruesa. Añada la cebolla picada y sofríala, removiendo de vez en cuando, durante 5 minutos o hasta que esté blanda. A continuación, añada una cuarta parte de los fríjoles.

Tritúrelos con el pasapurés hasta que estén bien chafados. Añada más fríjoles y más aceite, y tritúrelos de nuevo. Siga agregando fríjoles y aceite hasta que se acaben y se haya formado un puré pastoso y consistente.

Corte las tortillas en cuartos. Disponga de forma decorativa los fríjoles refritos en el centro de una fuente rodeados de tortillas de maíz, y sírvalos enseguida.

# BUÑUELOS

195 G DE HARINA DE MAÍZ

60 G DE HARINA DE TRIGO
TAMIZADA

1 CEBOLLA PEQUEÑA PICADA FINA

1 CUCHARADA DE AZÚCAR

2 CUCHARADITAS DE LEVADURA

½ CUCHARADITA DE SAL

180 ML DE LECHE

1 HUEVO BATIDO

ACEITE DE MAÍZ PARA FREÍR

**PARA UNAS 36 UNIDADES**

Mezcle los dos tipos de harina con la cebolla, el azúcar, la levadura y la sal en un cuenco y haga un hueco en el centro.

Bata la leche y el huevo, y viértalos sobre la mezcla de harina. Amáselo bien hasta que se forme una pasta espesa.

Caliente por lo menos 5 cm de aceite en una sartén honda a fuego vivo, hasta que alcance una temperatura de 180 o 190 °C o hasta que un dado de pan se dore en 30 segundos.

Vierta en el aceite caliente tantas cucharadas de masa como quepan sin que se solapen y fría los buñuelos, dándoles la vuelta, hasta que estén dorados.

Retírelos del aceite con una espumadera y escúrralos sobre papel de cocina. Caliente de nuevo el aceite, si fuera necesario, y fría el resto de los buñuelos. Sírvalos calientes.

# BONIATOS
## CONFITADOS

675 G DE BONIATOS EN RODAJAS

3 CUCHARADAS DE MANTEQUILLA

1 CUCHARADA DE ZUMO DE LIMA

65 G DE AZÚCAR MORENO OSCURO

1 CUCHARADA DE BRANDY

LA RALLADURA DE 1 LIMA

**PARA DECORAR**

GAJOS DE LIMA

**PARA 6 PERSONAS**

Cueza los boniatos en una olla grande con agua hirviendo durante 5 minutos o hasta que estén tiernos. Para comprobar si ya están cocidos, pínchelos con un tenedor. Retire los boniatos con una espumadera y escúrralos bien.

Derrita la mantequilla en una sartén grande. Añada el zumo de lima y el azúcar y caliéntelos bien, removiendo, para que el azúcar se disuelva.

Incorpore los boniatos y el brandy en la mezcla de azúcar y zumo del lima, y cuézalos a fuego lento durante 10 minutos o hasta que las rodajas estén bien tiernas.

Esparza la ralladura de lima y remueva bien para mezclar ambos ingredientes.

Pase los boniatos confitados a una fuente grande precalentada y decórelos con gajos de lima; sírvalos enseguida.

# NACHOS CON FRIJOLES

210 G DE FRÍJOLES NEGROS SECOS
O 280 G EN LATA ESCURRIDOS Y
LAVADOS
120-160 G DE QUESO RALLADO TIPO
CHEDDAR
¼ DE CUCHARADITA DE SEMILLAS
DE COMINO O COMINO MOLIDO
UNAS 4 CUCHARADAS DE NATA
AGRIA
JALAPEÑOS ENCURTIDOS EN
RODAJAS FINAS (OPCIONAL)
1 CUCHARADA DE CILANTRO
FRESCO PICADO
1 PUÑADO DE LECHUGA EN
JULIANA

**PARA ACOMPAÑAR**
NACHOS

**PARA 4 PERSONAS**

Si utiliza fríjoles secos, póngalos en un cuenco y cúbralos
con agua. Déjelos en remojo toda la noche y después escúrralos.
Páselos a una cacerola, cúbralos con agua y llévela a ebullición.
Hierva los fríjoles durante 10 minutos, reduzca el fuego y déjelos
cocer durante 1½ horas, hasta que estén tiernos. Escúrralos bien.

Disponga los fríjoles cocidos o en lata en una cacerola llana y
esparza el queso sobre ellos. Por encima, espolvoree el comino.

Hornee los fríjoles en el horno precalentado a 190 °C entre
10 y 15 minutos o hasta que estén tiernos y el queso burbujee
y se funda.

Retire los fríjoles del horno y vierta las cucharadas de nata agria
por encima. Añada los jalapeños, si va a utilizarlos, y esparza
el cilantro fresco y la lechuga.

Disponga los nachos alrededor de los fríjoles, sumergiendo
la punta en la mezcla. Sirva el plato enseguida.

# PATATAS ASADAS
## CON AJO

3 PATATAS PARA ASAR LAVADAS

4 CUCHARADAS DE ACEITE
DE OLIVA

2 CUCHARADAS DE MANTEQUILLA

2 DIENTES DE AJO PICADOS

1 CUCHARADA DE ROMERO
FRESCO PICADO

1 CUCHARADA DE PEREJIL PICADO

1 CUCHARADA DE TOMILLO PICADO

SAL Y PIMIENTA

**PARA 4 PERSONAS**

Ponga agua en una olla grande y llévela a ebullición. Dele un hervor a las patatas durante 10 minutos. A continuación, escúrralas, refrésquelas bajo el chorro de agua fría y vuelva a escurrirlas.

Pase las patatas a una tabla de cortar. Cuando se hayan enfriado un poco y pueda manipularlas, córtelas en cuñas gruesas a lo largo, pero no las pele.

Caliente el aceite y la mantequilla en una sartén pequeña con el ajo. Fría el ajo a fuego lento hasta que comience a dorarse y, entonces, retire la sartén del fuego.

Sazone la mezcla de la sartén con las hierbas, sal y pimienta.

Aderece las patatas con la mezcla de hierbas que ha preparado.

Ase las patatas en la barbacoa caliente entre 10 y 15 minutos, untándolas bien con el resto de la mezcla de hierbas, o hasta que empiecen a estar doradas.

Pase las patatas aderezadas a una fuente de servir precalentada y sírvalas como aperitivo o como acompañamiento.

### Método de cocción alternativo
Precaliente el horno a 220 °C, ponga las patatas en una fuente y áselas entre 35 y 45 minutos hasta que estén doradas y crujientes.

# MAZORCAS DE MAÍZ

4 MAZORCAS DE MAÍZ CON LA
FARFOLLA

100 G DE MANTEQUILLA

1 CUCHARADA DE PEREJIL PICADO

1 CUCHARADITA DE CEBOLLINO
FRESCO PICADO

1 CUCHARADITA DE TOMILLO
FRESCO PICADO

LA RALLADURA DE 1 LIMÓN

SAL Y PIMIENTA

**PARA 4 PERSONAS**

Precaliente la barbacoa. Para preparar las mazorcas, abra las farfollas y retire las barbas. Tape el maíz de nuevo con la farfolla y asegure el envoltorio con hilo de bramante, si es necesario.

Blanquee las mazorcas en una cacerola grande con agua hirviendo durante 5 minutos. Retírelas con una espumadera y escúrralas bien. Áselas en la barbacoa a fuego medio entre 20 y 30 minutos, dándoles la vuelta con frecuencia.

Mientras tanto, reblandezca la mantequilla y mezcle con ella el perejil, el cebollino, el tomillo, la ralladura de limón y sal y pimienta. Pase las mazorcas a los platos donde va a servirlas, retire el hilo y abra la farfolla. Sírvalas con una buena porción de mantequilla a las hierbas.

## Método de cocción alternativo
Cueza las mazorcas en agua hirviendo o al vapor entre 10 y 12 minutos. Sabrá que el maíz está cocido cuando resulte tierno al pincharlo con la punta de un cuchillo.

# ENSALADA
## DEL CHEF

1 LECHUGA ICEBERG EN JULIANA

175 G DE JAMÓN COCIDO EN TIRAS
FINAS

175 G DE LENGUA COCIDA EN
TIRAS FINAS

350 G DE POLLO ASADO EN TIRAS
FINAS

175 G DE QUESO SUIZO

4 TOMATES A CUARTOS

3 HUEVOS DUROS A CUARTOS

300 G DE SALSA ROSA

**PARA 6 PERSONAS**

Coloque la lechuga en una fuente grande y disponga encima
el embutido y el pollo de forma decorativa.

Corte el queso suizo en bastoncitos, espárzalos por encima de la
ensalada y disponga los cuartos de tomate y de huevo bordeando
la fuente.

Sirva la ensalada con la salsa rosa por separado.

# ENSALADA DE COL
## Y ZANAHORIA

225 G DE COL BLANCA SIN EL
TALLO, RALLADA

225 G DE ZANAHORIA PELADA
Y RALLADA

4 CUCHARADAS DE AZÚCAR

3 CUCHARADAS DE VINAGRE
DE SIDRA

115 G DE NATA LIGERAMENTE
MONTADA

2 PIMIENTOS VERDES O ROJOS
ENCURTIDOS, ESCURRIDOS Y EN
JULIANA (OPCIONAL)

4 CUCHARADAS DE PEREJIL
PICADO

SAL Y PIMIENTA

**PARA 4-6 PERSONAS**

Mezcle la col, la zanahoria, el azúcar, el vinagre, un buen pellizco de sal y pimienta en un cuenco. Remueva bien para que los ingredientes se mezclen. Cubra el bol y refrigere la mezcla durante 1 hora.

Remueva bien todos los ingredientes. Agregue gradualmente la nata y los pimientos encurtidos, si los va a utilizar. Pruebe la ensalada y rectifique la sazón si fuera necesario. Esparza el perejil por encima y sírvala enseguida. Como alternativa, puede taparla y refrigerarla hasta que la necesite.

# PATATAS CON GUACAMOLE

4 PATATAS GRANDES PARA ASAR

2 CUCHARADITAS DE ACEITE
DE OLIVA

SAL GRUESA Y PIMIENTA

### CREMA DE GUACAMOLE

175 G DE AGUACATE MADURO

1 CUCHARADA DE ZUMO DE LIMÓN

2 TOMATES MADUROS PERO
FIRMES, PICADOS FINOS

1 CUCHARADITA DE RALLADURA
DE LIMÓN

100 G DE CREMA DE QUESO CON
HIERBAS Y AJO LIGERA

4 CEBOLLETAS PICADAS FINAS

UNAS GOTAS DE SALSA TABASCO

SAL Y PIMIENTA

### PARA DECORAR

CEBOLLINO FRESCO PICADO

**PARA 4 PERSONAS**

Ase las patatas en el horno precalentado a 200 °C durante 1¼ horas. Retírelas del horno y déjelas enfriar 30 minutos. A continuación, suba la temperatura del horno a 220 °C.

Corte las patatas por la mitad a lo largo y extraiga 2 cucharadas de pulpa. Córtelas de nuevo por la mitad, colóquelas en una fuente refractaria y unte la parte interior con un poco de aceite. Salpimiente las patatas y hornéelas otros 25 minutos, hasta que estén doradas y crujientes.

Para preparar la crema de guacamole, chafe el aguacate y rocíelo con el zumo de limón. A continuación, añada el resto de los ingredientes y mézclelo todo.

Escurra las patatas sobre papel de cocina y páselas a una fuente precalentada. Decórelas con cebollino y sírvalas con la crema de guacamole en un bol.

# ARROZ CON ESPECIAS

3 CUCHARADAS DE ACEITE
DE OLIVA

6 CEBOLLETAS PICADAS

1 RAMA DE APIO PICADA FINA

3 DIENTES DE AJO PICADOS FINOS

2 PIMIENTOS VERDES
DESPEPITADOS Y PICADOS

LOS GRANOS DE MAÍZ DE
1 MAZORCA

2 GUINDILLAS VERDES SUAVES
DESPEPITADAS Y PICADAS FINAS

265 G DE ARROZ DE GRANO LARGO

2 CUCHARADITAS DE COMINO
MOLIDO

600 ML DE CALDO DE POLLO O DE
VERDURAS

2 CUCHARADAS DE CILANTRO
FRESCO PICADO

SAL Y PIMIENTA

**PARA DECORAR**

RAMITAS DE CILANTRO FRESCO

**PARA 4 PERSONAS**

Caliente el aceite a fuego medio en una sartén grande de base gruesa. Fría la cebolleta, el apio y el ajo durante 5 minutos o hasta que estén blandos. Añada los pimientos, el maíz y la guindilla, y prosiga con la cocción otros 5 minutos.

Agregue el arroz y el comino y rehogue la mezcla, removiendo para que los granos se impregnen de aceite, durante 2 minutos.

Vierta el caldo y la mitad del cilantro picado, y llévelo a ebullición. Reduzca el fuego, tápelo y déjelo cocer a fuego lento durante 15 minutos o hasta que se haya absorbido casi todo el líquido y el arroz esté tierno.

Retírelo del fuego y espónjelo con un tenedor. Añada el resto del cilantro picado y salpimiente el arroz al gusto. Déjelo reposar, tapado, durante 5 minutos antes de servirlo. Sírvalo decorado con ramitas de cilantro.

# BOCADITOS DE PATATA ASADA

450 G DE PATATAS PELADAS

2 CUCHARADAS DE ACEITE DE GIRASOL

SAL Y PIMIENTA

**PARA 4 PERSONAS**

Precaliente el horno a 200 °C.

Corte las patatas en trozos gruesos uniformes. Lávelas bajo el chorro de agua fría y, a continuación, séquelas bien con un trapo limpio. Póngalas en un cuenco, añada el aceite y agite el bol para que se impregnen bien.

Esparza las patatas sobre una bandeja refractaria y áselas en el horno entre 40 y 45 minutos hasta que estén doradas; deles la vuelta una sola vez.

Salpimiente las patatas al gusto y sírvalas calientes.

# ENSALADA DE PATATA
## Y QUESO

650 G DE PATATAS NUEVAS
PEQUEÑAS

125 G DE HOJAS DE ORUGA

150 G DE QUESO MOZZARELLA
CONSISTENTE

1 PERA GRANDE

1 CUCHARADA DE ZUMO DE LIMÓN

SAL Y PIMIENTA

**ALIÑO**

3 CUCHARADAS DE ACEITE DE
OLIVA VIRGEN EXTRA

1½ CUCHARADAS DE VINAGRE DE
VINO BLANCO

1 CUCHARADITA DE AZÚCAR

1 PIZCA DE MOSTAZA EN POLVO

**PARA 4 PERSONAS**

Llene una cacerola con agua, añádale sal y llévela a ebullición. Ponga las patatas, reduzca el fuego y cuézalas durante unos 15 minutos o hasta que estén tiernas. Retírelas del fuego, escúrralas y déjelas enfriar.

Cuando estén frías, pártalas por la mitad y colóquelas en una ensaladera grande. Lave y escurra las hojas de oruga, corte la mozzarella en dados y, por último, lave la pera y córtela en rodajas. Añada estos ingredientes a la ensaladera junto con el zumo de limón. Salpimiéntelo todo.

Para preparar el aliño, mezcle el aceite, el vinagre, el azúcar y la mostaza. Vierta el aliño sobre la ensalada y remuévala para que todos los ingredientes se mezclen bien. Sirva la ensalada.

# RÖSTI

450 G DE PATATAS HARINOSAS

1 CEBOLLA MEDIANA RALLADA

SAL Y PIMIENTA

ACEITE PARA REHOGAR

**PARA 4 PERSONAS**

Lave las patatas, pero no las pele. Póngalas en una olla grande, cúbralas con agua y llévelas a ebullición a fuego vivo, con la olla tapada. Reduzca el fuego y cueza las patatas a fuego lento durante 10 minutos, hasta que comiencen a ablandarse. Procure no cocerlas demasiado.

Escurra las patatas y déjelas enfriar. A continuación, pélelas y rállelas con un rallador de agujeros grandes. Mézclelas con la cebolla rallada y salpimiente la mezcla.

Caliente el aceite en una sartén de base gruesa y vierta cucharadas de la mezcla que ha preparado. Puede preparar un *rösti* tan grueso o tan fino como desee y en una sola torta o en varias individuales.

Fría la preparación durante unos 5 minutos hasta que la base esté dorada. Transcurrido ese tiempo, dele la vuelta y siga friendo hasta que el otro lado esté dorado y crujiente. Retire el Rösti del fuego, escúrralo en papel de cocina y sírvalo enseguida.

# ÍNDICE